Inhalt

Ischtar 6

Einführung 7

Vorwort 14
Wie eine Göttin aus alter Zeit Frauen von heute Kraft vermitteln kann

1 Wie eine sich ihr Glück selber basteln kann 17
2 Wie frau ihr Lachen wiederfindet 37
3 Wie eine jede berufliche Erfüllung erreicht 46
4 Wie frau die große Liebe findet und glücklich lebt bis ans Ende ihrer Tage 58
5 Wie eine jede heil werden kann 66
6 Wie Frauen spielerisch die Fülle erobern und reich werden können 83
7 Wie frau ihr Leben wirksam entrümpelt 94
8 Wie Frauen Zeitzauber wirken können 103
9 Wie eine jede ihr unerschöpfliches Kraftpotential anzapfen kann 112

Weg mit Krafträubern! 122
SOS-Tipps bei akutem Kraftmangel 127

Nachwort 130

Quellenangaben 132
Buchempfehlungen 134
Über die Autorin 136

„Ischtar, der helle Stern (die Venus hieß in der babylonischen Astrologie Ischtar), ist die Göttin des Himmels und der Menschenfrauen.

Sie präsentiert ihre Brüste mit den Händen als Zeichen der Nahrung, aber auch der Macht. Sie gab sich niemandem, sie ist die Aus-sich-selbst-Schöpfende.

Göttlich, menschlich, tierisch – Ischtar ist weibliche Energie in jeder Form.

Sie war auch die höchste Richterin, an die Frauen sich wandten. Ischtar wird gerufen, um die Welt wieder ins Lot zu bringen.

Ischtars Unterweltreise führt durch sieben Tore. Bei jedem Tor läßt sie etwas zurück: ihre Krone, ihre Juwelen, ihre Ringe, ihre Machtsymbole, zum Schluß ihre Kleider. Dann steigt sie als Lichtgöttin wieder auf, erneuert, strahlend, mächtig.

Ischtar ist die Göttin der Lust und Sinnlichkeit. Ihr Gesang ist süßer als Honig und Wein, ihre Haut wie Sahne.

Sie weckt in Frauen das Verständnis für zyklische Kraft.“ (1)

– oOo –

Rufe sie um Schutz und Energie an, wenn du Hilfe brauchst. Ist dein Leben chaotisch oder kraftlos, entzünde ihr zu Ehren eine Kerze und rufe ihren Namen.

Taffe Zeiten, in denen wir leben – wir Frauen jonglieren Beruf und Familie, Selbstverwirklichung und Integration, eigene Wünsche und die Ansprüche der anderen, Schicksalsschläge und Alltagssorgen... und überdies könnte uns die weltpolitische Lage problemlos in tiefste Depressionen treiben. Klar, daß mehr Kraft nicht schaden könnte, doch woher nehmen?

Die Frage, wie und wo frau mehr Kraft findet, stellte sich mir ganz konkret: In dreizehn Monaten habe ich fünfzig Kilo abgenommen* und mich von einem majestätischen Ozeanriesen in ein jämmerliches Kanu verwandelt, das Wind und Wellen hilflos ausgesetzt ist. Typisch für den schwarzen Humor der drei Schicksalsgöttinnen: Ausgerechnet mich, eines dieser seltenen Exemplare einer *glücklichen* Dicken (Fat Activist und Autorin einer launigen Krimi-Reihe um eine dicke Amateurdetektivin) lassen sie zackig abspecken. Daraufhin mußte ich mich nicht nur mit meinem Kraftverlust auseinandersetzen, sondern auch mit den dämlichen Komplimenten wohlmeinender Zeitgenossen („He, siehst du gut aus!" Sah ich vorher etwa schlecht aus?) und den giftigen Blicken all jener, die permanent vergeblich diäten und offenbar lieber krank und schlank wären als rund und gesund.

Räumliche Präsenz, physische Kraft und körperliches Wohlbefinden hatten sich also von mir weitgehend verabschiedet. Aber als ich meine Vorstellung von Kraft neu überdachte, merkte ich, daß wir als Frauen in jeder Situ-

* Unfreiwillig und krankheitsbedingt. Aber keine Sorge: Es ist nicht ansteckend!

ation unglaublich stark sind. Auch in unseren schwachen Momenten. Und daß es viele Tricks gibt, sich die verloren geglaubte Kraft zurückzuholen.

In meinen kraftlosesten Momenten gab mir ausgerechnet ein Baum Halt.* Ich konnte zwar nicht wie Buddha unter dem Bodhi-Baum direkt unter ihm sitzen, weil er mitten zwischen Parkplätzen steht und nicht nur von einer dornenreichen Schutzhecke, sondern immer auch von diversen Großstadtabfällen umgeben ist, aber allein im Davorstehen und Vorübergehen kam mir eine hilfreiche Erkenntnis. Okay, eine einzige läppische Erkenntnis, das ist nicht viel, aber ich habe ja auch nicht vor, eine Religion zu gründen. Die Erkenntnis ist weder neu noch bahnbrechend, aber sie funktioniert! Hier kommt sie:

KRAFT IST ZYKLISCH

Denk nur an die Naturgewalten. Wenn etwas Kraft hat, dann ein ausbrechender Vulkan, ein tosender Taifun, ein Fluß in der Schneeschmelze. Aber Vulkane können jahrtausendelang schlummern, der Wind streicht meist nur als sanfte Brise über unsere Wange, und ohne Schneeschmelze ist der Fluß vielleicht gar kein Fluß, sondern bloß ein besserer Bach.

Zugegeben, es fällt schwer in unserer Hochleistungsgesellschaft, aber wir müssen auch mal zulassen, daß wir keine Leistung erbringen, daß wir unseren Akku einfach nur aufladen. Nur so können wir Kraft aufbauen.

* Es ist eine Pappel (deren Astwuchs in erstaunlicher Weise an Darstellungen der Göttin Tannit erinnert) vor der Hospitalkirche in Stuttgart mit einem kleinen Schild, auf dem *Nr. 9* steht – wenn du mal an ihr vorbeikommen solltest, grüß sie von mir. Und wenn eure Begegnung im klimakatastrophenbedingt megaheißen Sommer stattfinden sollte, dann gib ihr bitte etwas Wasser.

Faulheit und Müßiggang sind keine Verbrechen (nicht mal, wenn frau sie exzessiv betreibt), sondern notwendige Regenerationsprozesse. Wenn dir die alten Namen nicht passen, sprich einfach von einer „Wellness-Auszeit" oder „Regenerating-Phase" oder such dir sonst einen Denglisch-Begriff.

Stille-sein ist allerdings nur der erste Schritt. Der zweite folgt sogleich und heißt:

KRAFT ERWÄCHST AUS DEM TUN

Kraft liegt zwar in der Ruhe, aber nur durch das Tun wächst sie. Nein, das ist kein Widerspruch – aber das lernen wir später. Momentan merk dir nur: Der Weg zur Kraft besteht aus vielen kleinen Schritten.

Es bedarf nur eines Anfangs,
dann erledigt sich das Übrige.
Sallust*

Schön, könntest du mir jetzt entgegenhalten, der Weg aus der Kraftlosigkeit besteht also aus vielen kleinen Schritten. Das Problem ist nur, daß man in einer solchen Situation nicht mal die Kraft für *einen* kleinen Schritt hat. Meine Lösung: mikroskopisch kleine Schritte! Genial, nicht wahr? Ein Patentrezept, wie es nur von einer Frau stammen kann: schlicht und doch zum Ziel führend. Und wieder der Natur abgeguckt. Es gibt wohl kaum etwas Kraftvolleres als eine Lawine. Dabei besteht sie im Grun-

* Ich glaube ja, daß hinter jedem vernünftigen Spruch, den ein Mann aus alter Zeit tätigte, eine patente Großmutter steckte, die ihm diesen Spruch einhämmerte. Damals wurden Sprüche von Frauen nicht für die Ewigkeit festgehalten, deswegen mußten sie den Umweg über den Enkelmund nehmen. Denk bitte an meine These, wenn du auf den folgenden Seiten jede Menge Sprüche von Männern vorgesetzt bekommst.

de nur aus Trilliarden mikroskopisch kleiner Schneeflocken, die alle aneinanderpappen. Nach einer Trilliarde und einer Schneeflocke hält sich die Masse nicht mehr am Berg und donnert ins Tal hinunter. Das könntest *du* sein. Nach vielen mikroskopisch kleinen Schritten in Richtung Kraft mutierst du ganz plötzlich zu einer Naturgewalt, der sich nichts in den Weg stellen kann.

Ich würde mir wünschen, daß dieses Buch zu einer Art Wegweiser für dich wird. Locker und entspannt machen wir uns gemeinsam daran, mehr Kraft zu schöpfen – keinesfalls nach dem abgenudelten Fitneßstudiomantra „Mehr Power! Mehr Power!“

Dafür haben wir am Ende richtige Kraft, die uns den – mitunter schweren – Alltag bezwingen läßt, Hoffnung gibt und uns ein Lächeln ins Gesicht zaubert. Versprochen!

Laß dir von mir zu den verschiedensten Lebensbereichen weise und dreiste Ratschläge geben: zu Glück, Gesundheit, Beziehungen, Beruf, Geld, Zeit. Probier einfach alles aus und schau, was bei dir funktioniert.

Ich bin Fische-Geborene, Aszendent Steinbock. Zwei Seelen schlagen in meiner Brust: die bodenverhaftet Pragmatische und die flügelschwingende Träumerin. Das wirkt sich auch auf den Aufbau dieses Buches aus.

Den pragmatischen Alltagstips – Kraftrituale genannt, denn ein Ritual ist mitnichten etwas Ominöses, das du nur in wallendem Kaftan durch Räucherstäbchenschwaden hindurch zelebrieren kannst, sondern etwas, das du immer wieder hingebungsvoll praktizierst – sind bekräftigende Affirmationen zur Seite gestellt. Zitate (hin und wieder sogar ein Gedicht) sorgen für Auflockerung.

Dazwischen findest du jeweils Anrufungen und Lobpreisungen der Göttin Ischtar, denn ihr – der Spenderin der Kraft, wie es in alten Texten heißt – ist dieses Buch gewidmet. Auch sie war einst kraftlos – all ihrer Macht entledigt stieg sie in die Unterwelt –, doch sie überwand das tiefe Tal der Kraftlosigkeit.

Ischtar bietet in zeitlos heiliger Geste ihre Brüste dar, um uns daran zu erinnern, daß sie das Leben nährt. Ihre Abbildungen und Figuren sehen uns fest mit dem Blick heilenden Wissens an. Die alten Texte, die Ischtar geweiht sind, sollen uns daran erinnern, daß wir auf unserer Suche nach unserer Kraft nicht allein sind. Wir können uns mit ihr und ihrer Kraft verbinden – indem wir sie uns ins Bewußtsein rufen.

Sie ist die Große Göttin, der Uranfang allen Lebens, die Mitte, aus der alles entsteht – eine von Ewigkeit zu Ewigkeit unerschöpfliche Quelle der Kraft.

In diesem Sinn:
WERDEN WIR EINS MIT DER KRAFT!

Ich befreie mich jetzt bewußt von allen destruktiven Zweifeln und Ängsten. Ich akzeptiere, daß ich in einem Universum der Fülle lebe und mir immer genau die Kraft zur Verfügung steht, die ich brauche, um meinen Alltag zu bewältigen.

Erhabene, Ischtar, Königin des Himmels und der Erde,
die du über alle Kontinente strahlst.
In deiner Hand liegt mein Schicksal.
Du vermagst Böses in Gutes zu verwandeln.
Zu dir zu beten gibt mir Kraft,
Von dir gehört zu werden, segnet mich.
Erbarme dich meiner, o Ischtar,
sorge für mein Wohlbefinden in allen Dingen!
Betrachte mich mit Wohlwollen!
Nimm mein Gebet an!
Ich suche Deinen hellen Schein,
möge sich Dein Strahlen in meinem Antlitz widerspiegeln!
Schenke mir Leben, mehre meine Tage!
Schenke mir Leben, schenke mir Wohlsein, laß mich Deine Göttlichkeit verkünden.
Laß mich erschaffen, was ich mir ersehne...

(Altbabylonische Inschrift)

Huldige der Göttin, indem du eine Räucherkerze entzündest, eine Wasserschale aufstellst und dreimal in Anbetung die Arme hebend die Formel sprichst.

„Seit der Zeit aber, da wir es unterlassen haben, der Himmelskönigin zu opfern und Trankopfer darzubringen, haben wir an allem Mangel gelitten und sind durch Schwert und Hunger umgekommen."
(Jeremia 44, 18)

Du stehst in der Küche und brutzelst etwas Leckeres, ohne dabei zu summen oder zu singen.

Du putzt dir die Zähne, im Radio läuft einer deiner Lieblingssongs, und du rotierst nicht mit den Hüften.

Die geringste Kleinigkeit bringt dich auf 180.

Du könntest ununterbrochen zweiundsiebzig Stunden und mehr schlafen oder einfach nur so herumliegen (wenn dir nicht nach zwei Tagen der Rücken tierisch weh täte...)

Du bist lustlos: bei der Arbeit, bei deinem Hobby, im Bett.

Vorwort

Wie eine Göttin aus alter Zeit Frauen von heute Kraft vermitteln kann

Ischtar ist die Große Göttin, die Mitte, aus der alles entsteht – eine unerschöpfliche Quelle der Kraft.

Das glaubten zumindest vor Tausenden von Jahren die Leute im Vorderen Orient. Na gut, wirst du sagen, was hat das mit mir zu tun, einer Frau des 21. Jahrhunderts mit einer noch nicht abbezahlten Zwei-Zimmer-Eigentumswohnung in Krefeld-Traar?

Damals waren die Menschen ohnehin Primitivlinge ohne Handy mit Internetzugang und ohne Mikrowelle. Es gab weder Amnesty International noch Ärzte ohne Grenzen. Kein Nobelpreiskomitee und keine Talkshows im Fernsehen. Die Jungs trugen filzige Rauschebärte, und die Mädels liefen oben ohne durch die Gegend. Und dann die Vielgötterei – ach bitte!

Wenn du das so siehst, kratzt du dich jetzt verwundert am Kopf. Wie kann eine Götzenfigur aus grauer Vorzeit uns heute noch was wert sein? Außer natürlich als Originalfund, der für teures Geld bei einer Sotheby-Auktion an archäophile Milliardäre versteigert wird.

Aber so strunzdoof, wie du denkst, waren deine AhnInnen gar nicht. (Natürlich mit Ausnahmen, aber mit denen sind wir selbstredend nicht verwandt – das sind die Vorfahren unserer Nachbarn von nebenan...)

Auf babylonischen Inschriften trägt Ischtar unter anderem die Beinamen: Licht der Welt, Herrin der Heerscharen, Öffnerin des Schoßes, Gesetzgeberin, Gerechte

Richterin, Göttin der Göttinnen, Mutter der Fruchtbarkeit und Spenderin der Kraft (weswegen sie meist mit rubenesken Rundungen abgebildet wurde, denn die Fülle des Universums mußte sich in der Fülle des Körperlichen widerspiegeln), Fügerin aller Ratschlüsse, Gebieterin des Sieges, Vergeberin der Sünden.

In alter Zeit war durchaus bekannt, daß die allerorts vorhandenen Götter- und Göttinnenabbildungen nicht real im herkömmlichen Sinn waren. Es waren Symbole für die im Universum waltenden Kräfte. Die alles beherrschende Urkraft des Lebens erhielt im Vorderen Orient den Namen Ischtar (oder Inanna, andernorts auch Astarte, im alten Ägypten Isis, in Indien Kali, Taranga bei den PolynesierInnen) – allumfassende Göttin des Lebens, des Todes und der Wiedergeburt.*

Die Liste der Göttinnen und Götter scheint endlos, aber es gibt eben viele Kräfte im Universum. Unsere Altvorderen wußten das und gaben den Kräften Namen, um in diesem Chaos nicht den Durchblick zu verlieren.

Für jede Kraft im Universum gibt es eine Entsprechung in dir. Du kannst diese Kräfte anzapfen – nur hast du vielleicht, wie viele moderne Menschen, nie gelernt, wie das geht. Du kennst keine „Orte der Kraft“ mehr, weder in dir noch außerhalb von dir.

An den Stätten, an denen viele Menschen über Jahre und Jahrhunderte diese Kräfte anbeteten, wuchs natürlich das Bewußtsein dafür. Tempelanlagen, oft an „heiligen

* Ein weiteres Beispiel: Die metaphysische Sehnsucht jeder Seele nach der Vereinigung mit dem Göttlichen erhielt in Indien den Namen Radha (in Tibet heißt diese Sehnsucht Tara, bei den RömerInnen Venus) – Göttin der Sexualität. Daß wir Heutigen unter „Vereinigung“ nur den Austausch von Körperflüssigkeiten mittels gymnastischer Bewegungen verstehen, ist Zeugnis für unsere Beschränktheit.

Orten“ errichtet, konzentrierten den Respekt der Gläubigen wie einen Lichtstrahl auf einen einzigen Punkt, der dann förmlich zu brennen anfing: Die Präsenz des Göttlichen wurde spürbar. Die Göttin wurde real.

Wenn Ischtar für dich nichts als ein Name ist, dann stell dir einfach vor, der Name sei eine Art Kraft-Mantra. Er soll „nur“ dazu dienen, die Kraft, die in dir schlummert, zu wecken. Der Glaube an Ischtar ist kein dogmatisches Glaubensgerüst, sondern eine sich ständig erneuernde Haltung der Freude und des Staunens angesichts der Welt. Ischtar ist ein Symbol für weibliche Urkraft. Diese Kraft lebt auch in dir, selbst wenn du dich momentan völlig saft- und kraftlos fühlst. Ruf sie wach. Sprich nur den Namen: Ischtar! Ischtar! Ischtar!

Es gibt unzählige Abbildungen der Göttin in all ihren Variationen. Mit Sicherheit findest du eine, die in dir etwas zum Summen bringt, die die „Wohltat der weiblichen Macht“ in dir wachruft, wie Starhawk es nennt. Das Bild der Göttin ist keine Ansammlung von Attributen, es nagelt sie nicht fest, sondern löst vielmehr in der Betrachterin „Inspiration, Schaffensfreude, Fruchtbarkeit des Geistes und der Seele“ aus, weshalb du für unterschiedliche Phasen und Situationen in deinem Leben auch verschiedene Darstellungen der Göttin (in all ihren Variationen) auf deinen Hausaltar stellen solltest. Such dir immer die Abbildung, die dir Kraft gibt.

Und die weise Starhawk sagt weiter: *In der Religion der Großen Göttin glauben wir nicht an die Göttin, wir verbinden uns mit ihr.*(2) Wir werden eins mit ihrer Kraft, mit der unermeßlichen Energie, der wir den Namen Ischtar gegeben haben.

1
Wie jede sich ihr Glück selber basteln kann

Wende dein Gesicht immer der Sonne zu,
dann fallen die Schatten hinter dich.
Thailändische Weisheit

Gib's zu: Du hast gerade das Gefühl, daß nichts mehr geht. Dieses Gefühl stellt sich bei Kraftmangel fast zwangsweise und völlig automatisch ein. Es geht aber eine Menge! Immer!

Ich werde von Glück und Erfolg verwöhnt. Ich bin wie ein Magnet und ziehe all mein Gutes zu mir.

1. Selberdenken! Oder: eine glückliche Erwartungshaltung kultivieren

Kleiner Exkurs über die Wirklichkeit

„So ist nun mal das Leben." Ein häufig gehörter Satz, dem ich immer schon kritisch gegenüberstand. Weil meistens damit gemeint ist, daß irgend etwas „nicht geht", daß das Leben „unfair und hart" ist.

Wie ist das Leben wirklich? Wenn *deine* Wirklichkeit stets anders ist als die der anderen, wer hat dann recht, wer unrecht? Die „anderen“ sind zweifellos in der Mehrheit – haben sie deshalb auch recht?

Die Hirnforschung führt noch die hehrsten menschlichen Antriebe auf ihren materiellen Ursprung zurück: auf die Logik der Neuronen. Aber die Welt im Kopf, die uns unser Gehirn bewußt erleben läßt, gleicht nicht nur einem Film, sie *ist* einer, und es gibt keine objektive Möglichkeit, dessen Realitätsgehalt zu messen. Du kannst das Bild der Welt nicht ändern. Mach dir klar, daß „die Welt“ nur ein Spiegelbild deiner selbst ist, und hör auf, an dem Spiegelbild herumzumäkeln. Bring dich selbst in Ordnung. Um das Bild zu ändern, wechsle den Film.

Zappe von der Tragödie zur Komödie. *Läutere dein Herz, heilige dein Leben – das ist der schnellste Weg, deine Welt zu ändern,* sagt Nisargadatta Maharaj.

Das Leben, die Wirklichkeit, ist keine holprige Einbahnstraße auf ein unbekanntes Ziel hin. Es ist ein weich bemooster, unendlich großer Wald, in den wir – wenn wir wollten – viele Wege schlagen könnten. Gern auch im Kreis, gern auch als Trampelpfad, nicht nur als eine von allen gemeinsam benutzte Trasse.

Stephen Hawking schreibt in *Das Universum in der Nußschale*, daß es keine lineare Zeit gibt und daß es folglich auch keine einzige Welt geben kann, sondern eine Vielzahl von Welten existieren muß: sogenannte Parallelwelten. Hawking erklärt, wie in jedem Bruchteil einer Sekunde eine anders gefällte Entscheidung zu völlig anderen Konsequenzen führen kann, die alle gleichberechtigt nebeneinander ko-existieren. In der einen Welt zündest du dir beispielsweise im Bett eine Zigarette an, schläfst ein und zündelst das Haus ab und dich gleich mit. In der zweiten Welt zündest du dir im Bett eine Zigarette an, entspannst dich dabei, drückst sie brav im Ascher aus und schläfst wohlig ein. In der dritten Welt hast du erst gar keine Zigaretten im Haus, weil du die Tabakindustrie bei ihrer globalen Menschheitsvergiftung durch kippeninduzierten Krebs nicht unterstützen willst.

Für Hawking ist eine Verbindung dieser Welten nur mittels Wurmlöchern im physikalischen Raum denkbar. Sehen wir es ihm nach: Er ist halt Wissenschaftler.

Aber wir kennen Überlieferungen anderer Art, beispielsweise bei indigenen Völkern. Nun gut, die Leute glauben nicht mehr daran, aber sie wissen touristengerecht nett über etwas zu erzählen, was unsere westlichen Vorfahren schon vor so langer Zeit als „Aberglaube“ ad acta gelegt haben, daß wir keinen Zugang mehr haben.

Nordamerikanischen UreinwohnerInnen zufolge können die Menschen durchaus in anderen Welten leben. Gleichzeitig in zwei Universen – geht das? fragt unsere westliche Einbahnstraßendenke.

Es geht, und ich wette, du, liebe Leserin, hast es in deinem Alltag schon erlebt.

Das bringt mich auf die Eingangsfrage zurück: Wie ist das Leben? Beinhart und ungerecht und von Mangel gekennzeichnet? Oder ist es ein Leben der Fülle? Muß frau sich alles hart erarbeiten, geht nix ohne Schweiß? Oder braucht sie nur ihre Schürze aufzuhalten und darf sich vom Sternenfüllhorn des Universums beschenken lassen?

DAS LEBEN gibt es nicht; Leben sieht für jede von uns anders aus.

Dir ist sicher schon aufgefallen, daß deine Cousine Monika immer nur das Schlechte sieht: in allen Menschen, in allen Dingen. Man könnte ihr morgen das Bundesverdienstkreuz überreichen, und sie würde auch daran etwas zu mosern haben: Ausgerechnet jetzt, wo sie eigentlich eine Woche Kanaren einschieben wollte, warum nicht früher, wieso nur ein Stück Blech und keine Kohle dazu, und so weiter und so fort.

Und dann gibt es deine Freundin Lissi, die mit gebrochenem Bein im Krankenhausbett liegt und dir herzerfrischend lachend erzählt, wie sie sich auf ihrem ersten Klo-Gang ohne Schwester das Nachthemd eingestrullert hat, weil sie auf dem Lokus das Gleichgewicht verlor, und sich dann prompt in den schmucken Pfleger verliebte, der sie aus ihrer mißlichen Lage befreite.

Für Monika ist die Realität grau in grau, für Lissi ist sie in sonnenblumengelbes Licht getaucht. Welche von beiden lügt sich was in die Tasche? Keine.

Die Realität ist das, was wir aus ihr machen.

Bleiben wir realistisch, versuchen wir das Unmögliche.
Ernesto Guevara Serna

Nur indem man das Unmögliche anstrebt, gelingt das Erreichbare.
Miguel de Unamuno

> Ich erwarte jeden Tag das Erlebnis wunderbarer Dinge.

Was hat dieser Exkurs über die Realität damit zu tun, daß dir momentan Kraft fehlt? Gute Frage. Hier die Antwort: Wie du dich selbst wahrnimmst, ist ja auch Teil deiner Realität. Du bist kein „schwaches Weib“, kein Blatt, das hilflos im Wind flattert. Solche Vorstellungen wirfst du jetzt sofort über den Haufen. Möglicherweise steckst du gerade in einer Phase, in der du weniger Kraft hast, aber das heißt nicht, daß du per se kraftlos bist. Pflege deine ureigensten Kraftrituale, werde eins mit der Göttin der Kraft und mach dich darauf gefaßt, daß du – schneller als du es für möglich hältst – selbst wieder kraftvoll wirst.

KRAFTRITUALE FÜR MEHR GLÜCKSERWARTUNG

Decide to be happy
Entscheide dich dafür, glücklich zu sein. Auch wenn die Medizin irre Fortschritte macht und alle Frauen in deiner Familie hundert Jahre alt geworden sind, deine eigene Zukunft ist bestenfalls unsicher. Du hast nur diesen einen Augenblick. Jetzt. Sei nie zu lustlos, um dir nicht klar zu machen, was für ein wunderbares Geschenk das Leben ist. Sei nie zu beschäftigt, um begeistert von dem zu sein, was du tun darfst, um zu lachen oder auf den Menschen einzugehen, mit dem du gerade zusammen bist, denn dieser Augenblick ist alles, was du hast. Und wenn es dein letzter wäre, dann sollte er doch so wunderbar wie möglich sein. Oder?

Frage nicht, was das Geschick
morgen wird beschließen;
unser ist der Augenblick,
laß uns den genießen!
Friedrich Rückert

Nimm an, daß das Glück auf deiner Seite ist
Sei felsenfest davon überzeugt, daß dir das Glück in den allermeisten Fällen hold ist; das verändert dein Verhalten und deine Ausstrahlung, und deine Mitmenschen reagie-

ren gleich positiver auf dich. Es ist nichts dabei, sich das Glück einzureden: Der Zweck heiligt die Mittel.

Zudem schreibt die kluge Annegret Stopczyk: „Phantasien können realitätsbildend sein, und diese Auswirkung ist es, die eine Indianerin als Wahrheit anerkennt. Für sie gibt es nicht die Trennung zwischen der äußeren Welt der dingharten Tatsachen und der inneren Welt der Vorstellungen und Phantasien. Für sie ist wirklich, was wirkt, für sie ist wahr, was sie wahrnehmen kann, auch als inneres Erleben."(3)

Also sorge dafür, daß deine Fantasie, deine Vorstellungen, deine Gedanken und Tagträume rosarot sind. Damit meine ich nicht weltfremd oder vom Boden abgehoben, sondern einfach positiv gezeichnet. Visualisiere nicht den worst case, sondern den best case. Glaub gut gelaunt daran, vom Glück verwöhnt zu werden!

Das Glück tritt gern in ein Haus ein,
in dem gute Laune herrscht.
Japan

Hüte dich vor Krafträubern

Das können Menschen sein, die ständig mies drauf sind, aber in erster Linie sind es deine eigenen Gefühle der Negativität, des Mißtrauens, der Unzulänglichkeit. Und Krafträuber Nr. 1 ist der Gedanke, wir seien vom Pech verfolgt. So etwas wie geborene Pechvögel kontra glückspilzige Sonntagskinder gibt es nicht: Glück läßt sich mit einfachen Methoden schaffen – von jeder! Nimm dir vor, in den kommenden neun Tagen jeden Tag mindestens ein Kraftritual aus diesem Buch durchzuführen. Achte darauf, wie du dich am Ende der neun Tage fühlst.

Es gibt Tage, da geht alles schief. Es hat zumindest den Anschein. Das können dicke Eier sein (dein Lover verläßt dich) oder kleine Eier (dein Fön geht mitten im Fönen kaputt) oder beides. Wie ich das Leben kenne, ist Variante drei die häufigste. Und dann stehst du da, soooo ein Hals und Tränen in den Augen, und fragst dich: *Warum passiert das ausgerechnet mir?* Oder dieselbe Frage in der De-luxe-Fassung: *Warum passiert das* immer *mir?*

Würdest du dir diese Frage auch stellen, wenn du einen Sechser im Lotto hättest? Wir sind darauf konditioniert, in seliger Konsumentinnenhaltung alles Gute als selbstverständlich zu erachten, alles Negative hingegen als persönlich gegen uns gerichtete Gemeinheit des Schicksals. Wenn dir also das nächste Mal ein „Warum?" in den Kopf schießt, dann frag gleich weiter: Warum lieben mich meine Eltern so sehr? Warum sehen die Sommersprossen auf meiner Nase so entzückend aus? Warum bin ich musisch begabt und kann so begnadet Klavier spielen? Warum gab es gerade heute in der Kantine Spaghetti, meine Leib-und-Magen-Speise? Du wirst sehen: Die positiven „Warums?" überwiegen die negativen mit Abstand.

Das bloße Gefühl zu leben ist Freude genug.
Emily Dickinson

Glück sind nicht die großen Momente, eher die vielen kleinen guten Augenblicke. Insofern ist Glück machbar, denn Glück ist gar nicht die Lotto-Million, sondern die gute Freundin, die sich einen halben Tag Urlaub nimmt, um dich zu trösten, wenn dein Freund dich sitzen läßt. Und die dabei auch gleich noch ihren Ersatzfön für dich mitbringt.

Trick siebzehn ist eben der, nicht däumchendrehend auf den allgewaltigen Glückstreffer zu warten, sondern sich das Glück selbst zu basteln. Sich das Glück „einzureden".* Tag für Tag aufs Neue.

Glück heißt, sich für glücklich zu halten.
Tennessee Williams

Sei offen für alles

Dein Schicksal ist nicht in Stein gemeißelt. Zu jedem Zeitpunkt hast du die Möglichkeit, deinem Glück auf die Sprünge zu helfen.

Sei offen für dein Glück. Lauf nicht blind durch die Gegend. Glücksforscher Richard Wiseman hat in seinem Buch *So machen Sie Ihr Glück* ein ganz profanes Beispiel angeführt: Glückspilze finden viel öfter Geld auf dem Bürgersteig als Leute, die sich für Pechvögel halten. Ein Kandidat namens Richard hatte sogar einen Krug in der Küche mit der Aufschrift *Fundgeld*, der überraschend schnell voll zu werden pflegte.

Also, ich will dir nicht raten, von nun an im Gewimmel der Menschen den Blick stets auf das Pflaster gesenkt zu halten, in der Hoffnung, einen Euro-Cent zu entdecken. Ich habe das nur als anschauliches Beispiel für Offenheit in allen Lebenslagen angeführt.

Lauf mit weit geöffneten Augen durchs Leben. Und probier auch mal was aus. Erlaube dir dabei durchaus

* Meinetwegen nenne es auch „visualisieren". Auf den Begriff kommt es nicht an, sondern auf deine heitere Erwartungshaltung. Die katapultiert dich nämlich in den richtigen Strömungskanal – auf die Energieebene, wo das Gute geschehen kann, auf der du dein Glück findest.

Fehler: Du erreichst mehr im Leben, wenn du bereit bist, hin und wieder etwas dazuzulernen, anstatt jedes Risiko zu scheuen und auf Nummer Sicher zu gehen.*

Der Mensch ist nicht zum Vergnügen,
sondern zur Freude geboren.
Paul Claudel

Glückstagebuch
Erwarte jeden Tag mindestens ein wundervolles Ereignis. Sobald es eintrifft, schreib es auf. Das muß kein Tagebuch im herkömmlichen Sinn sein. Ich habe einen alten Totenschädel mit einem Sparschweinschlitz auf dem Scheitel (ein gräßliches Ding, in das ich mich aber auf den ersten Blick verliebte, weil es ebenso schiefe Zähne hat wie ich). In diesen Schädel werfe ich kleine Zettel, auf denen meine „Glücks-Fälle" mit Datum stehen. Wenn der Schädel voll ist, wird er geleert, und beim Durchlesen der Menge von Glückszetteln fühle ich mich jedes Mal vom Glück wahrhaft reich beschenkt.

Rote Glückssterne
Wenn dir Tagebuchführen zu mühsam ist, du aber einen dicken Terminkalender hast, dann schreib jeden Tag in deinen Kalender, wenn sich etwas günstig entwickelt hat. Der Postbote brachte einen lange erwarteten Scheck? Schreib „Scheck eingetroffen" in deinen Kalender und male ein rotes Sternchen dahinter. Dein Chef lobt dich in

* Als aufmerksame Leserin wirst du bemerken, daß dir manche Sätze im *Buch der Kraft* mehrmals über den Weg laufen. Das ist Absicht! Unser Gehirn ist ein fauler Sack – sorry für die deutlichen Worte, mußte mal gesagt werden –, und nur durch Wiederholungen hämmern sich (neue) Erkenntnisse ins Langzeitgedächtnis ein.

einer Rundmail an die ganze Abteilung? Mit rotem Sternchen vermerken. Du wirst staunen, wie sich an manchen Tagen die Sterne häufen!

Lächle!
Diese Muskelaktivität wird ins Gehirn gemeldet und gelangt über den Mandelkern ins Limbische System, wo unsere Gefühle entstehen. Auf molekularer Ebene entsteht durch die Ausschüttung von Endorphinen, körpereigenen Glückshormonen, eine Veränderung der Rezeptoren der Zellen. Tust du das häufig, bilden sich neue Kontaktstellen – sogenannte Synapsen –, es ergibt sich ein kumulativer Effekt: Die Wahrscheinlichkeit, daß dieses Muster wieder auftritt, nimmt zu. *Priming* nennt man das, das heißt, der Zustand tritt immer leichter ein und erzeugt eine erstaunliche Langzeitwirkung. Kurzum: Wenn du so tust, als ob du glücklich bist, wirst du es auch!

Ich hasse die Wirklichkeit, aber sie ist der einzige Ort, an dem man ein anständiges Steak bekommt.
Woody Allen

2. Das andere „Bauchreden" oder: deiner Intuition folgen

Intuition ist eine Kraft, die du von Geburt an besitzt. Du kannst sie ganz pragmatisch als einen Sinn betrachten, dessen Ausbildung du vielleicht bislang vernachlässigt hast, der sich aber mühelos trainieren läßt. Oder nimm sie, etwas esoterischer, als Möglichkeit, das Wissen des Universums anzuzapfen.

Intuition sieht für jede von uns anders aus: Die eine

hört vielleicht eine innere Stimme*, eine andere hat ein „Bauchgefühl“ oder eine dumpfe Ahnung, wieder eine andere visualisiert etwas. Und da wir alle unterschiedlich sind, ist auch die Intuition unterschiedlich stark in uns ausgeprägt. Aber du hast sie auf jeden Fall.

Das Training ist simpel: Mach dir bewußt, daß du Intuition besitzt, und verlaß dich auf sie. Anfangs vielleicht nur in „kleinen“ Dingen, später – mit zunehmender Sicherheit – in allen Lebensbereichen.

Intuition in Aktion – ein Beispiel

Ich hatte eine Lesung in Neuss, in einem kleinen Saal, den nicht mal die Einheimischen kannten. Das weiß ich, weil ich auf der Strecke vom Hotel zum Saal bestimmt die halbe Bevölkerung von Neuss nach dem Weg fragte. Schließlich stand ich ratlos auf einem kleinen Platz. In der Ferne sah ich eine Frau mit einem Korb, die gemächlich dahinschritt. Sofort „wußte“ ich: *Die* kann dir helfen. Ich wartete, bis sie auf meiner Höhe war, dann sprach ich sie an. Sie war die Buchhändlerin, die auf meiner Lesung den Büchertisch ausrichtete. Im Korb befanden sich meine gesammelten Werke (damals noch nicht viele). Gemeinsam schlenderten wir weiter.

Theoretischer Exkurs über die Intuition

Wie kann Intuition funktionieren? Ganz einfach: Alles, was um dich herum geschieht, hat eine Bedeutung und ist miteinander verbunden. Nichts geschieht zufällig.

* Achtung: Wenn deine innere Stimme dir krächzend befiehlt, deine Nachbarin oder einen Kollegen mit einer Axt zu erschlagen und Schrumpfköpfe aus ihnen zu machen, hörst du besser nicht auf sie...

Es gibt ja genug Leute, die denken, das Leben sei linear, es gäbe immer eine Ursache und eine Folge. Diese Lineardenker sind meistens männlichen Geschlechts. Wir Frauen wissen, daß das Leben viel komplexer ist und es in der Tat Auswirkungen auf uns haben kann, wenn in Peking ein Schmetterling mit den Flügeln schlägt. Wenn also alles um dich herum einen Sinn hat, wenn es ein komplexes Geflecht aus Schicksalsfäden ist, dann kommt es nur darauf an, jenen Sinn auszubilden, mit dem du diese Fäden wahrnehmen kannst.

Dank deiner Intuition verfügst du über wahre „Zauberkräfte", du kannst dich an jeden Ort, in jede Zeit versetzen. Du kannst erfahren, was andere Menschen denken. Das hat nichts mit „übersinnlichen Phänomenen" zu tun (so was denken nur Kleingeister), es ist ein ganz natürlicher Sinn, den uns Mutter Natur geschenkt hat, die meisten Menschen sind nur blind dafür.

Du kannst dein Bewußtsein grenzenlos erweitern und dich als integralen Teil der Welt wahrnehmen, als eigenständigen Faden im unendlichen Gewebe des Lebens. Durch deine Intuition hast du Zugang zu den Antworten auf alle Fragen des Universums. Eine Ehrfurcht gebietende Vorstellung. Aber im Alltag sehr praktisch!

Deiner Intuition folgen, aus dem Bauch heraus handeln heißt nicht, daß du dein Gehirn ausschalten mußt. Diesen Blödsinn haben Männer in die Welt gesetzt, weil sich Testosteronhengste mit der Intuition echt schwer tun.

Intuition ist das, was eine Frau befähigt,
zwei und zwei zusammenzuzählen
und zu jedem Ergebnis zu kommen, das ihr paßt.
Ein Mann

Um deine Intuition zu nutzen, mußt du alle Eindrücke bewußt wahrnehmen, interpretieren und schließlich unter Einbeziehung vernunftbegabten Denkens zu einem Ganzen zusammenfügen. In Bruchteilen von Sekunden. Das ist eine Höchstleistung und keine „weibliche Schwäche". Schau einfach vertrauensvoll auf die Zeichen, die dein Unterbewußtsein – das große Unterbewußte – dir sendet, damit du ja keinen Hinweis übersiehst. Was dann passiert, nennen die einen Zufall, andere Synchronizitäten – ich nenne es Spiel des Lebens. Neue Karten, neues Glück.

Ich kann mich auf meine Intuition verlassen.

Du kannst keine Fehler machen, wenn du deiner Intuition folgst. Auch Entscheidungen, die sich im nachhinein als „lehrreich und sonst nix" erweisen, formen deine Persönlichkeit und dein Lebensbild. Vertrau deiner inneren Stimme. „Nicht *wie* du entscheidest, ist entscheidend, sondern *daß* du deine Entscheidung triffst – aus der Ganzheit deiner selbst heraus, aus dem Bewußtsein der Fülle, der Geborgenheit, aus der Tatsache heraus, daß alles vollkommen ist, immer und ohne Ausnahme", sagt Safi Nidiaye in ihrem Buch *Den Weg des Herzens gehen.*

Ich nehme die göttlichen Zeitpläne für mein Leben an. Ich gebe die Kontrolle darüber auf, in welchem Tempo sich mein Wohl entfaltet. Ich vertraue darauf, daß mir im perfekten Zeitplan alles zum höchsten Guten zufließt und ich die Zeichen für mein Gutes erkenne.(4)

Klingelzeichen raten

Wenn es an der Tür klingelt oder das Telefon bimmelt, frag dich, wer es sein könnte. Mach das regelmäßig, und deine Trefferquote steigt ins Unermeßliche.

Karten legen

Manchmal hilft es der Intuition auf die Sprünge, wenn du dir die Karten legst. Das Rider-Waite-Tarotspiel mit seinen überbordenden Bildern kann es dir erleichtern, Zugang zu deinen inneren Bildern zu finden. Besorge dir Tarot-Bücher (einige findest du im Anhang bei den Buchempfehlungen) und experimentiere. In schwierigen Situationen hilft oft schon, eine einzelne Karte zu ziehen und dir von ihr sagen zu lassen, was Sache ist.

Träume deuten

Wenn deine Intuition in Bildern zu dir spricht, sind deine Träume eine gute Möglichkeit, die Sprache deines Unterbewußtseins – und somit deiner Intuition – kennen zu lernen. Fang an, deine Träume zu deuten.

Jede träumt, auch wenn sich einige nicht zu erinnern glauben. Das läßt sich aber mühelos lernen. Nimm dir einfach vor dem Einschlafen fest vor, daß dir der Inhalt deiner Träume am nächsten Morgen präsent ist. Und lege Papier und Stift neben das Bett. Kritzele gleich nach dem Aufwachen alles aufs Papier, an das du dich noch erinnern kannst. Mit etwas Glück kannst du den Aufschrieb später auch noch entziffern. Auch hier hilft Übung. Du brauchst nicht einmal ein Traumdeutungsbuch (obwohl ein gutes Buch nicht schaden kann, siehe Buchempfehlungen), setz dich in einer ruhigen Minute einfach hin und überlege, was du dir mit dem Traum sagen wolltest. Nach ein paar Mal wirst du intuitiv erfassen, welchen Dialog dein Unterbewußtsein mit dir führen will.

Synchronizitäten suchen
Früher sprach man von „göttlicher Fügung“, heute nennen wir es „Synchronizität“: diese unglaublichen Zufälle, die sich in unser aller Leben ereignen. Nur daß die meisten von uns keinen Blick dafür haben.

Was du suchst, das findest du auch. Such heute also Synchronizitäten. Es gibt sie in Hülle und Fülle, nur oft so klein, daß wir sie kaum bemerken. Eben hast du an den Namen einer alten Bekannten gedacht, die du lange nicht gesehen hast, schon läuft sie dir beim Bäcker um die Ecke in die Arme, und ihr trinkt eine Tasse Kaffee. Du besuchst einen Nachbarn im Krankenhaus und bringst ihm statt Blumen einen Bildband über Irland mit, und der Mann fragt dich beglückt, woher du gewußt hast, daß er nach seiner Entlassung nach Irland in Urlaub will? Wenn du erst einmal einen Blick für die Synchronizitäten in deinem Leben hast, kannst du sie ganz gezielt zu dir rufen. Sie freuen sich nämlich über offene Herzen und kommen – wie das Glück – gern zu denen, die sie erwarten.

3. In einer Welt voller Möglichkeiten *deine* Möglichkeiten finden

Ich bin auf der Welt, um die Welt zu verändern.
Muriel Rukeyser

Ein hehrer Anspruch, den die gute Muriel da an sich stellt. Geht das denn? fragt sich die kraftlose Seele. Ist doch bloß mühselig – und bringt wahrscheinlich nix.

Moooooment! Du hast vor ein paar Seiten gelesen, daß die Welt das ist, was du von ihr hältst. Und jetzt lernen wir dazu das praktische Möglichkeitsdenken!

Komm mir nicht mit: „So bin ich aber nicht; ich denke eben kritisch; in meinem Leben läuft der Hase anders." Hasen hoppeln überall gleich. Du kannst jeden Tag ein anderer Mensch sein; du kannst jetzt sofort anfangen, alles – und ich meine wirklich „alles!" – für möglich zu halten. Natürlich packen die alten Zweifel nicht kampflos ihren Rucksack und zotteln von dannen, sie erheben immer wieder ihr Haupt aus den Tiefen deines Unterbewußtseins, aber sobald ein Zweifel den Kopf hebt, hau drauf. Am besten mit einer Karteikarte, auf die du einen sinnigen Spruch gekritzelt hast.

Hier eine kleine Auswahl:

Was ich glaube, wird für mich wahr.
Je mehr ich dem Leben vertraue,
desto reicher
beschenkt mich das Leben.

Mein altes Denken schränkt mich nicht länger ein.
Ich bin bereit für eine positive Veränderung
und erkenne meine Möglichkeiten.

Das Universum unterstützt unterschiedslos alles,
was ich denke und glaube. Ich habe die freie Wahl,
was ich denken und glauben möchte.
Heute entscheide ich mich für Gedanken
der freudigen Erwartung und der Heiterkeit.
Und dies bringe ich in meinem Leben
zum Ausdruck.

Die Kräfte des Universums sind der Elektrizität nicht unähnlich. Strom gibt es in einem Bordell, in dem mit Osteuropäerinnen, Afrikanerinnen und Asiatinnen Menschenhandel getrieben wird, ebenso wie in der Verwaltungszentrale von Greenpeace, im Versammlungssaal der Stuttgarter Heilsarmee ebenso wie im Oval Office in Washington. Die Elektrizität fällt kein Urteil, sie leuchtet allen, die ihre Stromrechnung bezahlt haben.

Die Kraft, die das Universum zu bieten hat, steht allen gleichermaßen zur Verfügung. Was wir damit machen, bleibt uns überlassen. Du kannst viel Kraft in eine Sucht stecken oder in die systematische Vernichtung des freien Willens deiner Kinder oder in einen selbst entworfenen Wandteppich, der die Geschichte des Gobelinknüpfens vom frühen Mittelalter bis zur Jetztzeit erzählt. Kannst du alles tun. Mußt du aber nicht.

Alles hat zwei Seiten. Aber erst wenn man erkennt,
daß es drei sind, erfaßt man die Sache.
Heimito von Doderer

Das Rechteck ist ein Nicht-Kreis.
Kindermund

KRAFTRITUALE FÜR GRÖSSERES MÖGLICHKEITSDENKEN

Kraftzitate
Karteikarten, wie gesagt. Oder du schreibst jeden Morgen in eine Ecke deines Tageskalenders ein aufbauendes Zitat aus diesem und anderen Büchern.

Biographierecherche
Lies die Biographien großer Frauen. Da findest du seiten-

weise inspirierende Beispiele, was alles möglich ist, wenn frau a) fest an ihr Ziel glaubt und es b) ausdauernd und hartnäckig verfolgt.

Perspektivenwechsel

Steig auf einen Turm und schau eine Weile in die Welt. Von einer hohen Warte aus wird dir klar, wie klein und wuselig wir Menschen mit unseren Problemen sind. Schaff Distanz zu deiner Lage und beurteile sie von fern. Wenn du unter Höhenangst leidest, leg dich in einer sternenklaren Nacht in eine Wiese und betrachte die Myriaden Sterne über dir. Oder setz dich an den Meeresstrand und schau auf die Unendlichkeit der Wellen.

To-Do-Listen

Mute dir bei deinen Projekten nicht zuviel zu. Brich große Pläne in viele Einzelschritte herunter und erstelle Listen, die machbar sind. Also nicht einen so bombastisch klingenden Punkt wie „Frauenprojektehaus in meiner Heimatstadt eröffnen“ (das ist das Fern-Fern-Ziel), sondern machbare Einzelschritte:

- Kontakte mit anderen Frauenhäusern aufnehmen und Erfahrungsberichte sammeln;
- mögliche SponsorInnen überlegen und ansprechen/anschreiben;
- zuständige Stellen der Stadtverwaltung angehen;
- Frauengruppen zusammentrommeln und gemeinsame Aktionspläne entwickeln.

All diese Punkte brichst du nun weiter herunter in kleine, machbare Erst-Schritte: Anruf im Frauenhaus xy; Kaffeetrinken mit der Präsidentin des örtlichen Strickvereins und so weiter und so fort. Wie schon die Chinesinnen wußten:

Auch eine lange Reise beginnt mit einem Schritt – keine springt mit einem Satz von Buxtehude nach Berlin, sondern geht einen Schritt nach dem anderen, bis sie ans Ziel gelangt.*

Ich kann vielleicht nicht die Welt verändern,
aber ich kann ihr auf jeden Fall meinen Stempel
aufdrücken.

Ich war der festen Überzeugung, daß ich nur
nach dem Abenteuer Ausschau halten müsse,
dann würde es mir schon auf halbem Wege
entgegenkommen.
Ich pflege der Theorie anzuhängen,
daß man immer das bekommt,
was man sich wünscht.
Agatha Christie

* Was nicht heißen soll, daß du den ganzen Weg zu Fuß zurücklegen mußt; geh ruhig zum Bahnhof und steig in den Zug!

Anrufung* Ischtars

Die Kraft der Göttin in sich erkennen

Heil dir, Fürstin –
siehe, ich komme, dich zu betrachten,
deines Lichtes Strahlen sind meine Strahlen,
deine unendliche Größe ist meine Größe,
deine strahlende Anmut ist meine Anmut,
deine Furcht einflößende Hoheit ist meine Hoheit,
deine göttlichen Wohnsitze sind meine Wohnsitze,
deine Schicksalsbeschlüsse sind meine
Schicksalsbeschlüsse.
Da du unsterblich bist, bin ich es auch.
Da du nicht besiegbar bist, bin ich es auch nicht.
Heil dir,
Herrin des Universums!

(Altägyptischer Text)

* Mit der Anrufung höherer Mächte begannen früher alle Gebete. Erst dann wurde um ein bestimmtes Anliegen gebeten. Man stellte also das, was man wollte, in einen höheren Kontext. Im Geist wurde ein Intentionsfeld erzeugt, und weil der Geist ja nicht im Gehirn lokalisiert ist, kann sich dieses Intentionsfeld ausbreiten und tatsächlich den Lauf der Natur beeinflussen. Klarheit der Intention und Zielgerichtetheit machen das Gebet effektiv.

2
Wie frau ihr Lachen wiederfindet

von glockenhell bis laut prustend

Wer lacht da? Ich glaub, ich war es selbst.
Emilia Galotti

Hier lernen wir, wie aus dem zarten Pflänzchen „Humor" eine kräftige deutsche Eiche wird. Es heißt, Engel könnten nur deshalb fliegen, weil sie sich selbst nicht so ernst nehmen. Mach es ihnen nach, werde unbekümmert und fröhlich – und heb ab!

Wer über alles lachen könnte,
würde die Welt beherrschen.
Friedrich Schiller

1. Laut lachen

Wenn es einen heiligen Laut im Universum gibt, dann das Lachen. Heiterkeit ist das höchste Gut. Sie zeigt sich in vielen Formen: grinsen, schmunzeln, lächeln, kichern, glucksen, lachen und laut herausprusten. Es ist bedenklich, wenn du einen Tag verstreichen läßt, ohne gelacht zu haben.

Das Gegenteil von Heiterkeit ist nicht Traurigkeit, sondern Perfektion. Das Streben nach Vollkommenheit läßt uns verbissen werden, mit verkrampfter Kiefermuskulatur aber können wir nicht lächeln, geschweige denn lachen.

Solltest du zum Perfektionismus neigen, dann wirf einen Blick auf das Universum. Die göttliche Schöpfungskraft hat in unglaublicher Kreativität Milliarden unterschiedlicher Lebensformen hervorgebracht. Darunter die Tüpfelhyäne (mit einem Gesicht, das nur eine Mutter lieben kann) und Frau Müller von nebenan (dito). Das sind keine Irrtümer der Natur, sondern Beweise unendlicher Kreativität. Du mußt nicht vollkommen sein und auch keine vollkommene Arbeit abliefern. Sei einfach du selbst und gib dein Bestes.

Wir sind nicht zum Leiden geboren (und auch nicht zum Schuften), sondern als dinglicher Ausdruck fröhlicher Energiewellen, die sich auch mal zu Materie formen wollten, um so wunderbare Sachen zu erleben wie einen geliebten Menschen zu küssen, einen Kuchen zu backen, den Fahrtwind in den Haaren zu spüren, sich beim Bilderaufhängen mit dem Hammer auf den Fingernagel zu schlagen und zu merken, wie der Schmerz nachläßt...

Zur Kontaktaufnahme mit außerirdischen Lebensformen vertraut die NASA auf die Mathematik. Es gibt aber, auch unter menschlichen Wesen, mehr Kommunikationsformen als nur die Mathematik. Der Humor gehört auch dazu.

Wäre es nicht lustig, wenn die erste Botschaft, die uns aus dem weiten, kalten, interstellaren Raum erreichte, nicht *pi* wäre, sondern ein Witz?[(5)]

KRAFTRITUALE FÜR MEHR GELÄCHTER

Herzhaft lachen

In Stresszeiten immer etwas dabei haben, das dich zum Lachen bringt. Ein Comic-Heft, einen witzigen Zeitungsartikel, ein Foto. Du kannst dir auch eine Szene aus deiner Lieblingskomödie ins Gedächtnis rufen. Oder denk an deine abendliche Lieblings-Sitcom. Schon die Vorfreude besänftigt den Körper und läßt den Stresspegel sinken.

Comic-Bilder

Ich persönlich kann mich für Hägar den Schrecklichen immerzu begeistern (besonders wegen Helga, seiner resoluten Frau). Von Mickey Mouse über Sempé bis Franziska Becker – die Vielfalt ist so enorm, daß auch für dich etwas dabei sein wird.

Unvollkommen sein

Der Drang nach Perfektion raubt dir Kraft ohne Ende. Indianerinnen haben oft absichtlich einen Fehler in ihre Stoffe eingewoben, um sich daran zu erinnern, daß das Leben nicht vollkommen ist. Freunde dich mit diesem Gedanken an. Wage den Schritt in die Unvollkommenheit! Fang klein an: Laß eine Haarsträhne aus deinem Knoten hängen, ein Staubbällchen unter dem Bücherregal liegen. Dann der nächste Schritt: Rück den Eingangskorb auf deinem Schreibtisch schief, verbring deinen freien Samstag nicht mit der stundenlangen Suche nach dem perfekten Geschenk für deine Cousine, sondern schenk ihr einen Gutschein, druck den Zwanzig-Seiten-Bericht nicht noch mal aus, nur weil der Drucker in der unteren linken Ecke ein wenig geschliert hat...

Vollkommenheit ist wie der Geldtopf am Ende des Regenbogens: unerreichbar. Gib dein Bestes – und laß ansonsten fünf gerade sein. Du bist als unvollkommenes Wesen gedacht!

Komplimente allenthalben

Das Lachen in deinem Leben wird sich vervielfachen,

wenn du dir vornimmst, ab heute jeden Tag etwas Nettes zu einem anderen Menschen zu sagen.

Okay, los geht's: Mach sofort jemand ein Kompliment! Wenn du allein zu Hause sitzt, ruf eine Freundin an und sag ihr, wie toll du ihre Ausführungen in eurer Selbsthilfegruppe gefunden hast. Oder erklär deinem Mann, wie froh du bist, daß er das mit dem tropfenden Hahn im Bad so schnell wieder hingekriegt hat. Oder kauf eine Zeitung und sag der Verkäuferin, wie sehr du es genießt, daß sie immer so freundlich ist.

Du mußt dir nichts aus den Fingern saugen. Sei ehrlich, aber sprich es aus. Von nun an jeden Tag mindestens einmal. Glaub mir, du wirst sehr viel beliebter werden, und dein Fröhlichkeitspotential steigert sich exponentiell.

Das Lächeln ist ein Licht, das im Fenster eines Gesichts aufleuchtet und anzeigt, daß das Herz daheim ist.
Anonyma

2. Laut singen

Das Erste, was du verlierst, wenn deine Kraft flöten geht, ist deine Stimme.

Du verstummst nicht, aber du hörst auf zu singen, was viel schlimmer ist. Ich meine jetzt nicht dein Engagement im örtlichen Gospelchor oder Weihnachtslieder mit der Familie unterm Baum. Ich spreche von der Dusche, vom Spaghettikochen, vom Wandern – wo immer sich die angestaute Lebenskraft in dir dadurch Luft verschafft, daß sie dich grottenfalsch einen Joan-Baez-Song schmettern oder verhalten eine Bach-Kantate summen läßt. Völlig egal, welche Musikrichtung du magst, aber wenn dein Lieblingssong im Radio läuft und sich deine Hüften nicht automatisch im Takt wiegen, ist das ein Alarmsignal!

Und komm mir nicht damit, du seist unmusikalisch. Deutschland mag den Superstar suchen, das Leben sucht ihn gewiß nicht. Es geht um das Prinzip „Lebensfreude" – nirgends manifestiert es sich besser als in den Vibrationen, die die Musik auslöst.

KRAFTRITUALE FÜR MEHR GESANG IM LEBEN

Trommelweiber

Trommle dich in Trance und summe dazu. Dazu mußt du keine sündteure Trommel im Esoterikladen kaufen, nimm einen Holzkochlöffel und eine Pfanne oder klatsch in die Hände. Finde einen Rhythmus, der etwas in dir zum Summen bringt, und dann summe mit.

Duschgesänge

Wenn du das nächste Mal unter die Dusche gehst (ich vertraue drauf, daß das bald sein wird), dann zwing dich, ein Lied zu singen. Wenn du kein Lied auswendig weißt (was mich wundern würde, aber so was soll vorkommen), dann erfinde irgendeinen Text oder lalle sinnlose Silbenfolgen zu einer Melodie. Hauptsache, du gibst Töne von dir. Und die beste Akkustik hat – nach der städtischen Opernbühne – immer noch die eigene Dusche. Sing, und das Leben singt mit dir!

Musik hören

Wenn du eine schwierige Aufgabe bewältigen mußt, hör Musik dabei. Wenn möglich. Bist du Polizistin und mußt eine heikle Festnahme durchführen, ist der Walkman auf dem Kopf keine gute Idee. Aber wann immer möglich, beriesele dich mit deiner Lieblingsmusik. Das beruhigt und zentriert. Zwing dich nicht zu irgendwelchen Meditations- oder Walgesangs-Tapes. Wenn du aus Erfahrung weißt, daß Rap dich beruhigt, hör Rap. Oder Volksmusik, Jazz, Schlager, Klassik, was immer.

3. Laut sein*

Kraftlose Frauen beherrschen die Kunst des Unsichtbarmachens. Ein Schutzmechanismus zur Selbsterhaltung. Wenn sie überhaupt das Haus verlassen, dann verschmelzen sie mit der Umgebung, bis man sie nicht mehr wahrnimmt. Bist du so eine?

Daß solches Verhalten begreifbar und nachvollziehbar ist, macht es nicht besser. Tu was dagegen. Verdeutliche dir noch mal, daß es für jede Kraft im Universum eine Entsprechung in dir gibt. Die Kraft Ischtars, der Weltenbeherrscherin, steckt auch in dir. Okay, wenn du ausatmest, ist nicht gleich der Himalaya platt, aber die Berge in deinem Leben kriegst du mit ihrer Hilfe auch flach.

Werde sichtbar. Du bist nicht aus Glas, du wirst nicht zerbrechen. Auch wenn dir manches Angst einflößt, sieh der Angst furchtlos ins Auge. Du bist so stark wie ein Fels.

RAUS AUS DEM TROTT

Wenn du die Routine, die Gleichförmigkeit deines Lebens verringerst, wächst deine Chance, einem seelischen Zu-

* Damit ist nicht gemeint, Krach zu machen und anderen lärmverschmutzend den Verstand zu rauben. Laut sein heißt da sein.

sammenbruch zu entgehen. Was dich zerstören kann, sind nur das Desinteresse am Leben und seine beiden Begleiter Starrheit und Langeweile. Um dein Interesse wieder zu wecken, tu etwas Neues. Folge der Eingebung des Augenblicks.

Daseinsfreude kommt aus der unbezähmbaren Kraft, die in jeder Frau potenziell vorhanden ist. Das Leben erhält seinen Sinn dadurch, daß wir auf verschiedenste Art und Weise unsere Kraft offenbaren, sagt Selvarajan Yesudian. Zeig dich – an (auch für dich) unerwarteten Orten.

KRAFTRITUALE FÜR EIN „LAUTES“ LEBEN

Speisekartenroulette

Probiere ein neues Gericht aus, auch wenn du lieber beim Altbekannten bleibst. Wenn du in der Kantine sonst immer Pasta bestellst, iß zur Abwechslung einen Salat. Nur so. Grundlos.

Heimweglotto

Wenn du zu Fuß von der Arbeit nach Hause gehst, dann überleg nicht lange: Geh nach links, statt wie sonst immer nach rechts. Ja, das ist ein Umweg. Aber ganz sicher ein lohnender. Solcherlei sinnlose Übungen halten übrigens dein Gehirn fit. Du erwanderst dir auf diese Weise quasi einen zusätzlichen IQ-Punkt!

Plaudertaschentango

Rede mit einer/m Unbekannten. Wenn du irgendwo anstehen mußt, quatsch die Frau vor dir an. Setz dich auf einer Party nicht in deine vertraute Clique, sondern neben eine, die du noch nicht kennst. Unterhalte dich in der

Umkleide deines Fitneßstudios mit der Frau vom Schließfach nebenan. Du mußt nicht kenntnisreich über Philosophie referieren, sondern nur freundliche Kurzsätze von dir geben wie: „War ziemlich anstrengend heute, nicht?" Und wenn du deinen Satz mit einer Frage beendest, ist die Chance, eine Antwort zu bekommen, gleich noch mal so groß.

VHS-Loblied

Belege einen Volkshochschulkurs. Irgendeinen. Er soll neue Horizonte öffnen, nicht Altbekanntes zementieren. Wenn du also sprachbegabt bist, dann beleg den Crashkurs „Informatik für EinsteigerInnen". Wenn du mit den Händen geschickt bist, dann beleg die sechsteilige Vortragsreihe „Hatschepsut und ihre Zeit". Lern nicht Englisch oder Spanisch, versuch's mit Isländisch oder Suaheli, auch wenn du keinen Urlaub in Island oder Afrika geplant hast.

Soundtrack deines Lebens

Stell dir vor, dein Leben wäre ein Film – welche Musik liefe dazu? Wenn es Bartók oder Blues ist, darfst du dich über deine hängenden Mundwinkel nicht wundern. Ändere den Soundtrack: Leg was Südamerikanisches auf oder einen eingängigen Pop-Song. Irgend etwas, das deine Hüften rotieren läßt und ein Lächeln in deine Mundwinkel zaubert.

Ich flehe zu dir, Gebieterin der Gebieterinnen, Göttin der Göttinnen, Ischtar, Lenkerin aller Menschen. Du bist das Licht der Welt, du bist das Licht des Weltenalls. Unermeßlich ist deine Macht, o Gebieterin, du bist gestellt über alle Götter und Göttinnen. Du hältst Gericht, und dein Spruch ist gerecht. Untertan sind dir die Gesetze der Erde und des Himmels, die Gesetze des Tempels und des Heiligtums und die Gesetze der geheimen Kammer. Wo ist der Ort, an dem dein Name nicht ist, wo ist der Flecken, an dem die Menschen deine Weisungen nicht kennen? Wird dein Name genannt, so erbeben Himmel und Erde, und die Götter erzittern. Die Geister des Himmels erschauern bei deinem Namen, und die Menschen fürchten ihn. Du bist groß. Gepriesen seist du. Alle Menschen, alle Geschöpfe, der ganze Erdball rühmt deinen Namen. Ruhmreiche, die alle Geister des Himmels fürchten. Öffnerin des Schoßes aller Frauen, groß ist dein Strahlen. Leuchtendes Licht des Himmels, Licht der Welt, Erleuchterin aller Orte, da Menschen wohnen, die du die Scharen der Völker vereinst. Göttin der Menschen, Gottheit der Frauen, dein Ratschluß bringt Harmonie. Wohin du deinen Blick wendest, da werden die Toten lebendig, und die Kranken erheben sich und wandeln, und die betrübte Seele genest, so sie dein Antlitz schaut. Ischtar ist groß! Ischtar ist die Herrscherin! Meine Gebieterin ist die Höchste! Meine Gebieterin ist Ischtar!

(Babylonischer Text)

3

Wie eine jede berufliche Erfüllung erreicht und sämtliche Glasdecken durchbricht

Warte nicht zu Hause auf ein Wunder.
Geh raus und erfülle dir deine Träume selbst.
Diana Ross

Vollmundig verspreche ich dir hiermit berufliche Erfüllung. Aber dafür mußt du schon etwas beisteuern. Du mußt keine bahnbrechenden Entdeckungen tätigen und auch keine Entsagung von der Welt zelebrieren; von dir wird hier nur eins verlangt: die eigene Berufung finden.

Erfolge muß man langsam löffeln,
sonst verschluckt man sich an ihnen.
Erika Pluhar

1. Von der Phantasie zur Realität oder: Finde deinen Regenwurm!

Wenn du ein Tier sein könntest, für welches würdest du dich entscheiden? Früher dachte ich immer, ich sei eigentlich ein Panther. Mittlerweile weiß ich: Ich bin eine Spinne. Es versteht sich von selbst, daß meine Lebensplanung daher anders aussehen muß: weniger durch den Dschungel streifen und pelzige Säugetiere jagen, mehr Netze knüpfen und Fliegen fangen.

Laß uns annehmen, du seist ein entzückender Vogel. Dann ist deine Leib- und Magenspeise etwas, das du momentan womöglich eklig findest: Würmer. Aber genau darum geht es im Leben: Finde heraus, was du bist, dann weißt du auch, was du *finden* mußt.*

Fühlt sich dein momentaner Job für dich gut an? Erfüllt er dich oder saugt er dich aus? Vergiß, was die anderen für dich wollen. Es ist deine Lebensreise, nicht die deiner Mutter oder deiner besten Freundin. Wir werden alle mit einem inneren Feuer geboren, das uns auffordert, etwas ganz Bestimmtes mit unserem Leben anzufangen. Und nein, ich rede nicht davon, daß wir alle Neurochirurgin, Nobelpreisträgerin oder Filmstar werden sollen.

Vergiß alles: deine Herkunft, deine Familie, die Gesellschaft. Hülle dich in eine Decke, setz dich vor eine Kerze (notfalls viele Male hintereinander) und hör einfach in dich hinein: Was wolltest du immer schon tun? (Damals, bevor du den Familienbetrieb übernehmen mußtest oder deine schlechten Abschlußnoten dich von der höheren Beamtenlaufbahn abhielten.)

Wenn du die Flamme wieder entfachen kannst, weil du gefunden hast, wohin es dich treibt, und du dich an die Realisierung deiner Sehnsucht machst, wirst du deinen Job exzellent ausfüllen und mehr noch: Erfüllung finden – als Krankenschwester, als Kamerafrau, als Fleischereifachverkäuferin, als Amtsrichterin, als Börsenmaklerin, als Zimmermädchen, als Animateurin, als Steuerberaterin oder als Tierpflegerin. Finde den Platz, an dem das Leben genau dich und keine andere braucht!

Schiel dabei nicht aufs Geld. Ein Job, der ordentlich Kohle bringt, aber dein Leben nicht mit Freude füllt, ist kein Ersatz für ein Leben, das wirklich gelebt wird; er bringt dir keine Zufriedenheit und ganz sicher kein

* Frei nach Luisa Francia: Mach dich auf die Findung, denn Sucherin bist du keine!

Glück. Wenn du aber an dem Ort bist, an dem das Leben dich haben will, wird es dich auch mit allem versorgen, was du brauchst. (Ein Ferrari gehört möglicherweise nicht dazu...)

Kraft findest du nicht in der Dreißig-Stunden-Woche bei vollem Lohnausgleich – anders ausgedrückt: Kraft findest du nicht im Nichtstun. Ein erfüllendes Berufsleben besteht nicht aus möglichst wenig Wochenarbeitsstunden und möglichst viel Freizeit. Erfüllung findest du, wenn Beruf und Freizeit eins werden.*

Fürchte dich nicht vor dem langsamen Vorwärtsgehen.
Fürchte dich nur vor dem Stehenbleiben.
Chinesische Weisheit

Sofort starten – aber langsam! Am Anfang steht der Entschluß. Wenn du deine Lage ändern willst, darfst du niemandem (auch dir nicht) erlauben, daran zu rütteln. Die Dramaturgie ist wichtig: Faß dein Ziel ins Auge, entwirf ein Bild der Zukunft, spiel den Weg dorthin durch. Dann brich den Weg in lauter kleine und kleinste Schritte herunter und folge deiner Vision. Mobilisiere Verbündete. Geh den Weg mit Geduld und Freude, Ausdauer und Zähigkeit. Und vergiß nicht: Der Weg ist schon das Ziel!

Der griechische Lyriker Petros Cavafy schreibt: „Bete, daß der Weg lang, voller Abenteuer und Erfahrungen sein möge!“ Der Mann ist kein Masochist – er weiß, daß ein abwechslungsreicher Weg sehr viel befriedigender ist als

* Oi, ich höre die Gewerkschafterinnen aufheulen, aber, Mädels, so ist es nun mal. Wir müssen etwas Sinnvolles tun und uns mit ganzer Kraft, mit unserem ganzen Leben, hineinhängen, alles andere ist Flickwerk und macht nicht glücklich, sondern hält uns nur beschäftigt.

eine kurze gerade Strecke und eine „Instant-Wunscherfüllung". Mach dir diese Weisheit zu eigen, damit du sie verinnerlicht hast, wenn du das nächste Mal über einen Stein stolperst oder im Gewirr des Dschungels deine Machete zücken mußt.

Solange du unverbrüchlich an dich glaubst, liegt keine Aktivität außerhalb deiner Möglichkeiten – die volle Spannweite menschlichen Erlebens steht dir offen. Das gilt privat wie beruflich: Prüfe dich, ob dein Wunsch, Perlentaucherin vor der Südküste Koreas zu werden, ein vorübergehender Spleen oder ein tiefer, innerer Wunsch ist. Im zweiten Fall: Just do it!

Die Dinge erfüllen sich, an die man wirklich glaubt.
Der Glaube an etwas macht es geschehen.
Frank Lloyd Wright

Möglicherweise steckst du aber schon in Phase zwei. In dieser Phase lebst du bereits, was dich glücklich macht, verkaufst Häuser oder Kosmetika, operierst alte Puppen oder kleine Kinder, malst Bilder oder Zimmerwände, nur kommst du einfach nicht weiter. Unsere amerikanischen Schwestern sprechen von der „glas ceiling", der Glasdecke, die unsichtbar über den Häuptern von Frauen in Konzernen schwebt: Die wirklich guten Jobs bekommen immer noch die Jungs. Und auch uns Freiberuflerinnen werfen männliche Entscheidungsträger gern mal einen Knüppel zwischen die enthaarten Beine. Aber:

Sei friedlich: Sich nicht zu rächen,
kann auch Rache sein.
Danny Kaye

Wenn du beruflich nicht so zackig vorankommst, wie du möchtest, oder vielleicht sogar in einer Sackgasse sitzt, dann sei bloß nicht enttäuscht. Enttäuschung macht uns bitter, wenn wir nicht aufpassen. Wenn du wirklich überzeugt bist, an dem Ort nicht weiterzukommen, plane einen Wechsel. Bedachtsam und in aller Ruhe.

Natürlich kannst du dir überlegen, ob du in diesem „Rattenrennen" überhaupt mitlaufen willst. Wer mit den Wölfen heult, wird zum Wolf. Nun sind Wölfe ja herrliche Tiere, und es gibt machtvolle Wolfsfrauen, zum Alpha-Tier geboren, aber wenn du eigentlich eine gewiefte Fuchsfrau oder eine baumeisterlich begabte Biberdame bist, wirst du im Wolfsheulen keine Goldmedaillen einheimsen. Besinne dich auf deine wahre Berufung.

Hast du jedoch deine Berufung gefunden und bist schon an dem Ort, wo das Schicksal dich haben will (glaub mir, das spürst du), dann kämpfe. Ischtar ist die größte aller Kriegerinnen: Sie kann die Blutlust in dir wecken. Laß dir nichts gefallen!

Werde zum Werwolf unter den Wölfen. Misch dich ein, trag dein Herz auf der Zunge, mach keine Gefangenen!

> Ich tue, was ich liebe, und ich liebe, was ich tue.
> Alles, was ich tue, befriedigt mich zutiefst.
> Ich mache mir meine Erfolge.

KRAFTRITUALE FÜR MEHR ARBEITSWONNE

Der „Boar ey!"-Effekt

Mach aus deinen Aufgaben, vor allem aus den mühseligen oder Angst einflößenden Aufgaben, ein begeisterndes Erlebnis mit einem „Boar ey!"-Effekt:

- *Betrachte deine Arbeit als Projekt*
  Egal, was du machst – Lateinlehrerin oder Metzgerin –, teil deine Arbeit in „Projekte" auf, die du einzeln angehst; beispielsweise „De Bello Gallico – Asterix und Obelix in echt" oder „Blutwurstwoche – extra lecker, extra gut".
- *Formuliere deine Aufgabenstellung neu*
  Beschreib deine Projekte mit Worten, die sie einzigartig und sensationell klingen lassen. So phantastisch, daß du nach Luft schnappst.
- *Gib deinen Projekten Namen*
  Mein derzeitiges Übersetzungsprojekt, ein Ballett-Krimi, heißt „Pawlowa". Meine Pawlowa-Phase ist klasse: Ich blättere in Kunstbänden mit Ballettbildern, habe zwei Ballettvideos ausgeliehen und eine super Aufführung des Stuttgarter Balletts besucht. Und im Bad, wenn keiner guckt, erhebe ich mich schon mal auf die Zehenspitzen und imitiere po-wackelnd den sterbenden Schwan...
- *Achte auf den Dienstleistungsaspekt*
  Mach dir klar, daß du mit diesem Projekt Menschen hilfst. Auch wenn du nur ein kleines Rad bist, letztendlich wird durch den Erfolg deines Projekts irgendwo einem Menschen geholfen. Als Sekretärin in einem schwäbischen Energieunternehmen sorgst auch du dafür, daß es die Menschen in der Nacht hell und im Winter warm haben. Deine Arbeit ist sinnvoll und wichtig!
- *Leiste professionelle Arbeit*
  Gib jeden Tag dein Bestes, halte Termine grundsätzlich ein, arbeite nie schlampig, sei zuverlässig und

gewissenhaft. Damit kommst du bei anderen – KundInnen und/oder ChefInnen – gut an, aber du machst auch dir selbst (deinem Unterbewußtsein) klar, daß du ein Profi* bist und deine Arbeit wertvoll ist.

- *Mach deine Projekte schön*
  Das Auge ißt nicht nur mit, es arbeitet auch mit. Sorge für Schönheit in deinem Leben. Wenn du einen Schreibtischjob hast, gestalte dein Umfeld so, daß du gern dort arbeitest. Stell eine Topfpflanze auf oder wenigstens ein schönes Bild. Halte alle Unterlagen sauber und ordentlich. Das allein gibt schon einen Kraftschub.

Nie mehr Unlust bei der Arbeit
Halte deinen Job nicht für eine Zwangsveranstaltung. Du leistet Sinnvolles und wirst gebraucht. Aber auch im Traumjob kommen hin und wieder Unlustgefühle auf. Leg dann Mini-Pausen ein und gönn dir Glücksmomente. Das schafft Kraft: Wenn du keinen kurzen Spaziergang einlegen kannst, dann geh meinetwegen auf die Toilette und leg den neuen Lippenstift auf oder bürste dir ausgiebig die Haare. Oder setz dich aufs Klo und blättere in dem kleinen Album mit den Fotos deiner Lieben.

Solche Glücksmomente geben einen echten Powerschub. Und ich verlaß mich drauf, daß du immer einen Zettel mit einem aufbauenden Spruch dabei hast – in der Geldbörse oder in der Jeanstasche!

Je dunkler es um uns wird, desto mehr müssen wir unser Herz öffnen für das Licht von oben.
Edith Stein

* Wie heißt eigentlich die weibliche Form von Profi? Profine?

Hektik und Belastung können mir nichts anhaben. Dies ist ein kostbarer Tag in meinem Leben, und ich weiß, daß ich mit Ruhe und Geduld alles meistern kann, was auf mich zukommt. Ich bin voller Begeisterung und schwungvoll und lasse mich von Turbulenzen nicht verunsichern.

2. Schluß mit Konventionen: von der Lust am Unbekannten

Man muß sich die Freiheit nehmen,
sie wird einem nicht gegeben.
Meret Oppenheim

Nichts ist so bequem wie die Opferrolle. Wenn du dich gern als Opfer siehst, wirst du es nie zu etwas bringen. Zum Opfer gemacht werden kann jede, Opfer bleiben ist eine freiwillige Entscheidung.

Wähle deine nächste Aufgabe eine Nummer zu groß. Sag zur Abwechslung ja zu einer echten Herausforderung. Das muß nicht gleich der erste befraute Flug zum Mars sein. Leg deine Meßlatte gerade so hoch an, daß du sie mit etwas Anstrengung auch erreichen kannst. Meinetwegen eine freie Rede auf einem Abend deines Berufsverbands oder allein in ein feines Restaurant essen gehen. Was du als Herausforderung empfindest, liegt bei dir.

Wer etwas wagt, spürt sich mehr – du kannst natürlich auch einen Bungee-Sprung im Grand Canyon oder eine Ein-Frau-Weltumrundung im Segelboot wagen, auch das läßt dich wachsen, macht dich komplexer und selbstsicherer, aber sinnvoller ist es, dich im Alltag zu versuchen.

Der Stolz, Ungewöhnliches bewältigt zu haben, sorgt dafür, daß im Gehirn mehr Glücksbotenstoffe ausgeschüttet werden. Außerdem findet Wachstum immer außerhalb der Komfortzone statt. Auch – und gerade – wenn du dich kraftlos fühlst, findest du Kraft im „so tun als ob".

KRAFTRITUALE FÜR DEN WEG INS UNBEKANNTE

Einmal im Monat

Tu einmal im Monat etwas, das du noch nie zuvor getan hast! Das kann so banal sein wie ein Besuch in einem persischen Restaurant (lecker!). Oder so schräg wie das Anheuern eines Gigolos (lustig!). Oder so karrierefördernd wie das Ausarbeiten meines Online-Kurses „Wie schreibe ich eine Kurzgeschichte?" (lehrreich: Surf ruhig mal zu www.storials.com und schau selbst!)

Neugier

Komm mit den Leuten ins Gespräch. Wenn du in einem Konzern arbeitest, mach dich über andere Abteilungen schlau, informiere dich über Arbeitsabläufe und Personalstruktur. Egal, ob dir das einen Nutzen bringt. Auch wenn du allein oder mit wenigen arbeitest, gibt es Dinge, die du erforschen kannst: Netzwerke beispielsweise in deinem Berufsverband – wie arbeiten andere in deiner Situation? Zeig dich wißbegierig und offen für Neues.

> Ich stehe unter göttlichem Schutz und habe einen direkten Draht zur Weisheit des Universums. Auch und gerade in unbekannten Situationen bin ich nie allein. Mir wird immer die Hilfe zuteil, die ich brauche. Ich bin jeder Situation gewachsen.

3. „Sesam öffne dich" und andere Zauberworte

Unser Größerwerden lähmt unsere Mitmenschen nicht, es regt sie vielmehr an, es inspiriert sie.
Anais Nin

Für viele von uns ist der Job eine riesige, klaffende Wunde, aus der uns Kraft entströmt wie einem Bluter das Blut. Das muß nicht so sein. Du kannst Erfüllung finden – sogar bei Aldi an der Kasse. Betrachte deinen Job als Ali Babas Schatzhöhle. Hol heraus, was herauszuholen ist!

KRAFTRITUALE FÜR MEHR ERFOLG IM BERUF

Werde Meisterin
Werde zur Lehrerin und vermittle dein Wissen weiter. Gerade wenn du selbst auf „Beförderung" hoffst, kann dir das Kraft verleihen und das sichere Gefühl, daß du anderen etwas zu geben hast. Halte Kurse an der Volkshochschule, biete im Stadtmagazin Wochenendworkshops an – egal wo und wie, Hauptsache, du unterrichtest.

Umdenken
Lebe mit einer möglicherweise schwierigen beruflichen Situation so, daß du dich immer nur auf einen Tag auf einmal konzentrierst. Wenn du dich bei dem Gedanken ertappst: Mein Gott, ich werde noch in zwanzig Jahren hier die Putze sein, dann mach dir keine Vorwürfe, aber denk sofort etwas anderes.

> Ich finde einen Platz im Leben, an dem ich gebraucht werde und der mich rundum glücklich und zufrieden macht.

Notfalls schreib dir diesen Satz auf einen Zettel, den du immer bei dir trägst, wie eine Notfallmedizin. Tu in dieser Zeit jeden Tag etwas, das dich einer Lösung näherbringt: Studiere die offenen Stellen in deiner Tageszeitung, besuche einen Konfliktbewältigungskurs et cetera.

Flexibilitätstraining

Deine beruflichen Ziele sind nicht in Stein gemeißelt oder auf ewig festzementiert. Es steht dir jederzeit frei, deine Ziele abzuändern oder völlig neu zu definieren, wenn du merkst, daß du in eine Sackgasse geraten bist. Formuliere deine Ziele auch immer schriftlich, sonst bleibt Zielerreichung ein trügerisches Wischi-waschi-Gefühl. Setz dich jetzt hin und formuliere deine beruflichen Ziele. Und nur der Übung halber formuliere auch gleich Alternativen.

Netzwerken

Allein kommst du nie so weit wie in der Gruppe. Vernetze dich! Ich selbst bin in drei Berufsverbänden Mitglied, habe auch schon Ämter übernommen, helfe hin und wieder mit Zeit und Engagement aus – und das wurde mir millionenfach vergolten: durch Freundschaften, Kontakte, Aufträge, Lebens- und Berufsfreude. Das Wort „Seilschaft" hat ein Gschmäckle, aber es ist ja irgendwie wirklich wie am Berg: Nur im Team kannst du überleben, wenn du abstürzt! Und mehr Spaß macht es in der Gruppe ohnehin.

Preiset Ischtar, die furchtbarste aller Göttinnen,
verehret die Königin der Frauen, die größte aller
Gottheiten. In Freude und Liebe ist sie gehüllt. Voll des
Lebens, der Anmut und der Wollust ist sie. Süße ist auf
ihren Lippen, in ihrem Mund liegt Leben. Ihr Erscheinen
macht das Vergnügen erst voll. Sie ist ruhmreich.
Ein jedes Schicksal hält sie in der Hand.
Ischtar – wer käme ihrer Größe gleich?
Mächtig, erhaben und glänzend ist ihr Ratschluß.
Ohnegleichen ist Ischtars Rang unter den Gottheiten.
Sie ist ihre Königin, ohne Unterlaß folgen sie
ihrem Befehl. Ein jeder von ihnen beugt sich vor ihr.
Ischtar!

(Altbabylonischer Text)

4
Wie frau die große Liebe findet
und glücklich lebt bis ans Ende ihrer Tage

Wer sich nach Liebe sehnt, ist nicht ohne Liebe,
denn die Sehnsucht ist schon Liebe.
frei nach Bettina von Arnim

Hollywood hat uns alle fest im Griff, ob wir Männer lieben oder Frauen oder „nur" unsere Aufgabe. Dabei ist die Liebe ursprünglich nicht als kraftraubender Seelenschmerz und vereinnahmende Dominanzgeste gedacht, sondern – im Gegenteil – als erfrischender Kraftquell par excellence.

Dû bist mîn, ich bin dîn:
des solt dû gewis sîn.
dû bist beslozzen
in mînem herzen:
verlorn ist daz slüzzelîn:
dû muost immer drinne sîn.
(mittelalterliches Minnegedicht)

1.Vom Froschküssen

Das Geheimnis liegt darin, deine Liebe großzügig zu verschenken – denn alles, was du aussendest, kehrt dreifach zu dir zurück. Du bist also ganz schön dumm, wenn du morgens beim Bäcker die Verkäuferin anpflaumst, nur weil du dich für eine Morgenmuffelin hältst und authentisch sein willst. Wundere dich nicht, wenn dir an solchen Tagen (gewissermaßen im Gegenzug) die Pflaumen nur so ins Gesicht zu regnen scheinen: in Form von Leuten, die dir ihrerseits blöd kommen. He, du hast es so gewollt!

Die Liebe im konventionellen Sinn

Sind wir wirklich nur „halbe Menschen", die erst in der Vereinigung mit dem Seelenpartner bzw. der Seelenpartnerin wieder ein Ganzes werden? Klingt wahnsinnig romantisch, ist aber Mäusekacke.

Du bist bereits ein vollkommenes Ganzes. Ein exotischer Schmetterling, prachtvoll und bunt und facettenreich. Was dich natürlich nicht daran hindern soll, von Blüte zu Blüte zu flattern und fröhlich von deren Nektar zu naschen. An manchen Blüten wirst du nur schnuppern, bei anderen verweilst du länger, und – ja, so was gibt es – möglicherweise findest du einmal eine Blüte, bei der du das Gefühl hast: Hier bleibe ich!*

Vielleicht bist du ein Schmetterling, der es mit Blüten nicht so hat. Entweder grundsätzlich nicht (du lebst lieber für deine Pinguinforschungsstation in der Antarktis) oder vorübergehend nicht – wobei „vorübergehend" einen sehr langen Zeitraum umfassen kann.

Nury Vittachi schreibt: „Grashalm, der heilige Mensch, der für sein ganzes Leben auf Liebe verzichtet, ist dem Himmel eine Freude. Aber der heilige Mensch, der für die Liebe auf sein ganzes Leben verzichtet, ist dem Himmel auch eine Freude."[(6)]

* Aber löse dich jetzt sofort von dem Gedanken, auf dem weiten Erdenrund gäbe es nur *den* einen oder *die* eine Partnerin für dich. Viele Menschen können perfekte GefährtInnen für dich werden, dafür braucht ihr beide nur Humor, Toleranz und Akzeptanz. Und – voilá! – die große Liebe!

Du bist also solo. Aber du willst es nicht sein. Kein Problem! Tauche in die Welt deiner Fantasie ein. Visualisiere – das zählt auch. Das Gehirn kann nicht unterscheiden, ob deine Wahrnehmung real ist oder nicht, darum hast du eine Adrenalinausschüttung bei Horrorfilmen wie *Psycho* und Orgasmussymptome bei *Don Juan DeMarco.* (Bäh, würde meine Freundin Susi aus Neuseeland jetzt rufen, die Johnny Depp doof findet – egal, es geht ums Prinzip: Visualisiere, wen immer du sexy findest.)

KRAFTRITUAL FÜR MEHR LIEBE IM LEBEN

Liebe sammeln, Liebe schenken
Achte einen geschlagenen Tag darauf, welche kleinen Akte der Liebe (auch „freundliche Gesten“ genannt) dir andere entgegenbringen. Registriere jedes Lächeln in der U-Bahn, jedes beiläufige Kompliment, die Tasse Kaffee, die deine Kollegin unaufgefordert mitbringt, jede nette Mail.

Am nächsten Tag bist du dran: Lächle alle Leute an, die dir auf dem Weg zur U-Bahn begegnen, schreib eine Dankesmail an die Kollegin aus der Graphikabteilung, die dir so wunderbar zugearbeitet hat. Daraus ergibt sich ein Schneeball-Effekt, der dir zumindest den Alltag versüßt und noch dazu gute Karma-Punkte anhäuft.

2.Vom Loslassen

Leicht will ich's machen dir und mir.
Leicht muß man sein,
mit leichtem Herzen und leichten Händen
halten und nehmen, halten und lassen...
(Rosenkavalier, 1. Aufzug)

Liebe kommt. Liebe geht. Wie alles im Leben ist auch die Liebe der Wandlung unterworfen. Es versteht sich von selbst, daß wir das, was wir lieben, besonders schwer loslassen wollen. Du hast sicher noch deinen ausgeleierten, mottenzerfressenen Lieblingspulli aus dem letzten Schuljahr, in den du nie wieder passen wirst, oder trägst die Hoffnung in dir, daß der Rudi doch zu dir zurückfindet und die dämliche Silikon-Brünette in den Wind schießt.

Schwester, ich muß es nicht aussprechen, oder? In diesen Pulli und diese Hoffnung versickert hektoliterweise deine Kraft. Also weg mit dem Pulli und der trügerischen Illusion!

Eine mit Sicherheit lebenslange Liebe (oder zumindest Haßliebe) ist dir jedoch sicher: die zu deinen Kindern.

Was aber, wenn du keine Kinder bekommen kannst? Denk über eine Adoption nach – mach dich schlau, ob das in deiner Situation geht. Wenn nicht, gibt es eine Million Möglichkeiten, dich um Kinder zu kümmern.

Eine biologische Mutter zu sein, ist dir vielleicht in diesem Leben nicht gegeben. Du kannst trotzdem Mutter werden – kannst Ideen „gebären", das Leben auf eine Weise erfahren, wie es der Norm nicht möglich ist. Bleib neugierig, und drück der Welt deinen Stempel auf!

KRAFTRITUALE ZUM LOSLASSEN UND NICHT-ANHAFTEN

Nach der Liebe

Sei nicht länger verletzt oder zornig über eine Liebe, die verging. Sei auch nicht länger traurig, daß gerade niemand da ist, der sich deiner annimmt. Verschwende deine Lebenszeit nicht mit Anschuldigungen oder Selbstzerfleischung. Das ist sinnlos vertane Zeit. Du wirst im Lauf deines Lebens viele GefährtInnen haben – jede/r hat einen Platz in deinem Leben und findet einen Platz in deiner Autobiografie (und sei es nur als Fußnote). Trauere Vergangenem nicht nach. Auf zu neuen Ufern!

Kriech aus deinem Schneckenhaus, misch dich unter die Leute. Das muß keine Aufreißkneipe sein – such einfach die Gesellschaft netter Menschen. Pfleg deine Freundschaften. Wir sind nun mal Herdentiere. Erwarte keine Instant-Liebe; es wird schon kommen.

Aber denk an Mark Twain: „Trenne dich nie von deinen Illusionen! Wenn sie verschwunden sind, wirst du weiter existieren, aber aufgehört haben zu leben."

Glück allein

Gib sofort den Gedanken auf, nur zu zweit könntest du sexuelle Erfüllung finden. Du kannst dir Orgasmen auch allein verschaffen. Multiple dazu. Wann immer du willst.

- Geh in einen Frauenerotikladen und laß dich inspirieren.
- Gönn dir im nächsten Wellnesszentrum eine Massage.
- Belege einen Tanzkurs und spür deinen Körper.
- Leiste dir sinnliche Kleidung auf deiner Haut: einen flauschigen Pulli oder seidene Unterwäsche.
- Berühre dich gern und oft.
- Mach dein Bett zu einem Liebeslager, leiste dir schöne Bettwäsche, Kissen, Kerzen und Blumen auf dem Nachttisch.
- Erlaube dir hin und wieder sinnliche Genüsse in Form eines Schokoladenkuchens oder einer Portion Spaghetti mit Kleckersoße.
- Schaff dir einen Teddy fürs Bett an.

Die einen mögen dies für das Schönste halten,
die anderen jenes – ich sage, das Schönste ist,
was eine liebt.
Sappho

3.Von der einzig wahren Liebe

Aus irgendeinem obskuren Grund – wahrscheinlich die geballte Hollywoodpropaganda à la *Pretty Woman* – denkt unsere Gesellschaft, daß frau Teil einer Paarbeziehung sein muß, um als weibliches Wesen ein erfülltes Leben zu führen. Das ist natürlich eine mögliche Denke – auf derselben Stufe wie „die Erde ist eine Scheibe" und „Männer sind die besseren Menschen".

Wenn dein Leben reich an FreundInnen, Familie, beruflichen Herausforderungen und Hobbys ist, dann hast du alle Zutaten für eine glückliche Existenz und bist tausendmal besser dran als in einer Partnerschaft, die nicht funktioniert.

Andere werden das nicht immer verstehen, wie ich am eigenen Leibe erfahren durfte. Möglicherweise nennt man dich in ein paar Jahren die „verrückte Katzenoma aus dem dritten Stock"! (Vielleicht solltest du dich auf zehn Katzen beschränken...) Doch ob andere dich für glücklich halten oder nicht, ist so was von wurscht, es kommt nur darauf an, ob *du* dich für glücklich hältst.

Ich bin sexy und erfolgreich und voller Begeisterung. Ich bin wie ein Magnet, der Menschen an sich zieht, die zu mir passen.

Die beste Liebesbeziehung ist immer noch die zu dir selbst. Arbeite daran, dein Selbstwertgefühl aufzubauen. Gerade bei uns Frauen liegt da oft vieles im Argen.

Elizabeth Hilts spricht vom „toxischen Lieb & Artig-Syndrom". Ob du daran leidest, erkennst du an folgenden Fragen:

- Hast du je eine Einladung zu einem Mädelsabend ausgeschlagen, weil du gehofft hast, „er" würde bei dir anrufen?
- Hast du dich schon mal über jemand geärgert, aber statt ihm die Meinung zu sagen, ein Stück Schokolade gegessen? Oder eine ganze Tafel?
- Hast du dich je dabei ertappt, wie du dich entschuldigst, obwohl du es gar nicht so meinst, nur damit dein Gegenüber sich nicht ärgert?

Wenn du auch nur eine dieser Fragen mit „Ja" beantwortet hast, leidest du an Harmoniesucht in fortgeschrittenem Stadium. Es ist ernst, aber nicht hoffnungslos. Weck die Alpha-Wölfin in dir!

Solo dio.
Basta! *
Teresa von Avila

* *Gott allein genügt!* Oder für alle, die kein Kreuz um den Hals tragen: Wenn du eine starke persönliche Beziehung zum Göttlichen hast, in welcher Form auch immer, hast du alles – und mehr – gefunden, was das Leben zu bieten hat: nämlich wahre Liebe.

Der Himmel ist mein, die Erde ist mein – ich bin
die Herrscherin.
Der Himmel ist mir gegeben, die Erde ist mir gegeben.
Mißt sich einer, ein Gott mit mir?
Die Herrschaft ist mir gegeben, die Herrinnenschaft ist
mir gegeben.
Die Schlacht ist mir gegeben, der Kampf ist mir gegeben,
der Orkan ist mir gegeben, der Wirbelwind ist mir gegeben.
Der Himmel ist mir als Krone aufs Haupt gesetzt,
die Erde als Sandale an den Fuß gelegt.
Ich bin die Urmutter der Zeit, jubelnd zur Freude geboren.
Ich erstrahle in leuchtendem Glanz.
Mir ist, einem Drachen gleich, Zerstörungskraft gegeben.
Die Götter sind wie ängstliche Vögel – ich aber bin
die Herrin über alles.
Ich erscheine in den strahlenden Himmeln,
Zeichen in Fülle zu geben.
Ich erscheine in Vollkommenheit.
Frohlockend in meiner Macht, frohlockend schreite ich,
die Göttin, zuoberst einher.
Ischtar bin ich, die Göttin des Abends,
Ischtar bin ich, die Göttin des Morgens,
Ischtar!

Ischtar li baal li tuka!
(Babylonisch: *Die Göttin erhalte dich stark*
und gesund!)

5
Wie eine jede heil werden kann

Tu deinem Leib Gutes, auf daß deine Seele Lust bekommt, bei dir zu wohnen.
Teresa von Avila

In diesem Kapitel geht es um den Unterschied zwischen „gesund" und „heil" – und warum das nicht dasselbe bedeuten muß. „Heil" und „Wohlbefinden" bedeuten in allen Sprachen dieser Welt dasselbe, Gesundwerden ist dagegen eine moderne Erfindung. Aber natürlich geht es auch um praktische Tips zur Stärkung des Immunsystems, ums Sporteln und um die Ernährung.

Schmerz ist unvermeidlich,
Leiden ist freiwillig.
Susun S. Weed

1. Heile deine Seele

Die Seele ist nicht im Körper. Der Körper ist in der Seele.
Meister Eckhart

Anders ausgedrückt: Deine Seele erschafft sich ihren Körper selbst! Du kennst sicher das geflügelte Wort, daß eine mit vierzig das Gesicht hat, das sie verdient. Das ist nur ein Teil der Wahrheit. Du hast auch den Körper, den du verdienst. Die Seele ist nicht im Körper, sondern der Körper in der Seele. Die Welt, in der du lebst, ist die Welt, an die du glaubst.

Die Seele ist der Ausdruck totalen Lebendigseins des Menschen. Die Seele ist eine Ganzheit, die von Kraft erfüllt ist. Diese Kraft läßt die Seele wachsen und gedeihen, auf daß sie sich selbst erhalten und ihre Arbeit in der Welt verrichten kann. Nicht nur jeder Mensch hat eine Seele, auch jedes Tier, jede Pflanze und jeder Ort. Matthew Fox schreibt, daß auch Gemeinschaften eine Seele haben, Gruppen erzeugen eine Seele; das Biosystem selbst und Gaia und unsere Milchstraße und der Kosmos haben eine Seele, da sie zusammengehören.(7)

Jahrhunderte vor der Entdeckung der Thermodynamik meinte Hildegard von Bingen: „Keine Wärme geht im Universum verloren." Keine Schönheit, keine Liebe, kein Gutes geht im Universum verloren. So gesehen ist deine Seele ein weites Feld.

KRAFTRITUALE FÜR DAS HEILEN DER SEELE

Werde leichter

Nein, du sollst nicht abnehmen. Es geht um die Leichtigkeit des Seins. Welche Antwort hast du auf folgende Frage: Wie viele Engel können auf einer Nadelspitze tanzen? Alle und kein einziger – beide Antworten sind richtig! Entkrampfe dich... Nimm dich selbst und das Leben nicht so schwer.

Kamato Hongo, geboren am 16. September 1887, lebte zu der Zeit, als ich dieses Buch schrieb, immer noch und war somit 116 Jahre alt und eine der ältesten Frauen der Welt. Sie war zwar schwerhörig, ansonsten aber so fit, daß sie gelegentlich ein Gläschen Alkohol trank, gern Volkslieder summte und dazu die Hände im Takt bewegte. Ihr Rezept für Langlebigkeit: „Nie Trübsal blasen!"

Schlafratzenlob

Geh eine Stunde früher zu Bett, anstatt eine Stunde früher aufzustehen. Mehr Schlaf statt weniger. Sorge, wann immer möglich, für ausreichend Schlaf!

Eine Zeit lang brüsteten sich die Schreiber von Managerratgebern damit, mit wie wenig Schlaf man auskommen kann. Ja toll. Möglich ist vieles, aber ist es auch gesund? Schlaf macht nicht nur schön, er sorgt auch für Ausgeglichenheit und Genesung. Also schlaf! Mittags eine kurze Siesta (wann immer machbar) ist nie verkehrt – und du solltest abends lieber gemütlich im Bett kuscheln als in irgendeiner Chillout-Lounge abzuhotten.

Um mehr vom Leben zu haben, solltest du weniger tun. Auch mein Yogalehrer ruft gern zur Pause auf. Recht hat er!

Heilender Humor

In der wunderbaren Komödie *City Slickers* verliert der Held (dargestellt von Billy Christal) sein Lachen. Seine kluge Frau schickt ihn los, damit er es wiederfindet.

Anfang der achtziger Jahre des vorigen Jahrhunderts (da war ich nicht nur schon am Leben, sondern auch schon volljährig – jö, watt alt!), also Anfang der achtziger Jahre erkrankte ich. Damals war die Schulmedizin noch das A und O, und daß Humor heilt, war nur einigen Spinnern bewußt. Mir zum Beispiel. Ich kaufte mir unzählige US-Ausgaben von *Readers' Digest* (weil da haufenweise Witze aus dem Alltagsleben, eingesandt von ganz normalen Leuten, drin waren – als mir ein Kollege namens Chris aus London sagte, die CIA finanziere dieses Blatt, war es zu spät, ich war süchtig nach dem „Humor aus dem Alltag") und las alle Comic-Hefte, die ich in die Finger kriegen konnte.

Kontraindikationen? Sollte Humor bei bestimmten Krankheiten nicht angewandt werden? Nein, Humor heilt immer. Aber nur dein ganz individueller Humor. Ich persönlich bin kein Witze-Mensch. Mir gefallen Karikaturen besser. Bei dir kann das anders sein. Finde deinen Humor!

Mittlerweile leben wir in einem neuen Jahrtausend, und wissenschaftlich ist nachgewiesen, daß Lachen Schmerzen lindert, die Immunabwehr stärkt und gut fürs Herz und die Durchblutung ist. Wenn du lachst, werden Glückshormone und Endomorphine, kleine Schmerzkiller, ausgeschüttet. Mehr Sauerstoff fließt durch jede Faser deines Körpers. Die Anzahl der Tumorzellen verringert sich meßbar. Zumindest bei mir. Du solltest das mit dem Lachen ruhig auch mal ausprobieren.

Ruf eine Freundin an

Gemeinsam lachen oder vertraulich reden löst positive Empfindungen aus. (Wobei dir dein Geldbeutel danken wird, wenn dich nicht immer zur High-Price-Time der Drang überkommt, zum Hörer zu greifen. Aber da schwätzt vielleicht die Schwäbin in mir... hör nicht auf mich! Freundschaft ist jeden Preis wert!)

Löse ein Kreuzworträtsel

Echt wahr, es stärkt deine Immunabwehr, wenn du jene Gehirnteile anregst, die für Gedächtnis, Urteilsvermögen und abstraktes Denken verantwortlich sind. Prima sind auch anspruchsvolle Gesellschaftsspiele mit FreundInnen.

Nimm dir Zeit für die Liebe

Nöl jetzt nicht rum, von wegen dein Freund hat dich verlassen, deine Geliebte ist Workaholic, deine Eltern haben dich zur Adoption freigegeben, und dein Hund ist tot, keiner liebt mich... darum geht es jetzt nicht.

Du kannst ein- bis zweimal (oder öfter) Sex die Woche haben, auch wenn du Single oder allein bist. Dafür gibt es ja Frauenerotikläden. Meinen Stammladen *Bella Donna* in Esslingen beispielsweise.

Und *agape*, die Liebe ohne Sex, läßt sich prima durch einen ehrenamtlichen Job verwirklichen. Tu etwas für andere. Engagiere dich für Leute, denen du etwas zu geben hast, back Brot für die Obdachlosenspeisung, hilf im örtlichen Tierheim aus, gib Deutschkurse für EinwanderInnen.

Trink stilles Wasser

Da freut sich dein Körper, der ja zum überwiegenden Teil aus Wasser besteht. Alles bleibt im Fluß – das oberste Prinzip des Lebens. Ich propagiere nicht zwanghaftes Trinken auf Teufel komm raus. Ich will dir nur gut zureden, auf die Durstsignale deines Körpers zu hören. Ich habe angefangen, jede Stunde ein kleines Glas Wasser zu trinken. Hat irre geholfen. Und hält den Bazillenfänger Mundschleimhaut feucht und funktionstüchtig.

Bring dich auf Trab

Diese unselige Fitnesswelle in unserer Gesellschaft geht mir ja so was von auf den Keks. „Sei jung, fit und schön! Und wennste das nicht bist, laß dich einsargen." Das meine ich hier nicht. Ich rede von Bewegung.

Entdecke die Welt: Geh spazieren! Du kannst das auch Zen-Walking nennen – das klingt total trendig, ohne störend trendy zu sein. Gern mit deiner Lieblingsmusik auf Walkman. Wobei ich persönlich es ja mehr genieße, die Vögel zwitschern, die Mäuse rascheln und eine Mutter nölen zu hören, die ihrem Kind Belehrungen erteilt. Oder geh schwimmen. Oder fang endlich mit einer Schnupperstunde in der Sportart an, die du immer schon machen wolltest, aber dich nie getraut hast, weil du a) im Schulsport immer eine Null warst, b) seit dem Schulsport keinerlei Bewegung mehr hattest, c) angeblich zu dick bist, d) sonstwelche fadenscheinige Ausreden. Bogenschießen, Langlaufski, Surfen, was weiß ich. Bei mir war es Yoga. Das fällt zwar nicht gerade unter Hochleistungssport, aber es tut uns dreien echt gut: meinem Körper, meiner Seele und meinem Geist!

Fühle mit anderen mit

Ruf eine alte Lehrerin an und erkundige dich, wie es ihr geht. Frag deine Nachbarin im Treppenhaus, warum sie in letzter Zeit immer so traurig ausschaut. Schick drei alten FreundInnen, mit denen du lange keinen Kontakt hattest, einen kurzen Brief oder wenigstens eine Postkarte und sag einfach: „Hallo, wie geht's?" Bring die Beziehung zu deiner Cousine in Ordnung. Entschuldige dich bei deiner besten Freundin. Leiste Wiedergutmachung. Verzeih großmütig. Besuche deine Eltern regelmäßig.

Bilde dich weiter

Viele Leute denken ja, Weiterbildung sei im Erwachsenenalter nur noch dann nötig, wenn man befördert werden will. Schwachsinn. Dich immer weiter zu schulen ist gesundheitsbildend! Es stärkt das Immunsystem, erhöht deine Leistungsfähigkeit, baut Stress ab und fördert die Zufriedenheit. Und erhöht deine Chance, bei *Wer wird Millionär?* den Jackpot abzugreifen!

Meditiere
Du kannst das auch „beten" nennen. Oder „still dasitzen und über das Leben nachdenken". Oder „still dasitzen und gar nicht denken". Aber nichts hilft besser, gesund zu werden bzw. zu bleiben und Stress zu reduzieren. Also bete. Gern auch zum Gott deiner Kindheit. Natürlich mag Gott überrascht sein, nach so langer Zeit mal wieder von dir zu hören. Egal. Er ist Gott, er steckt das weg.

Ritual-Findung
Überall auf dem Globus kennen die Menschen Rituale. Üblicherweise gibt es eine feste Regelung für den Ablauf von Ritualen. Warum? Weil du dadurch auf gewisse Weise mit den Menschen verbunden bist, die dieses Ritual zuvor ausgeübt haben, vielleicht schon vor Hunderten von Jahren. Die AhnInnen werden für dich durch das Ritual gegenwärtig. Ein alter Glaube lebt durch dich neu auf. Du wirst die lebendige Seele der Gottheit.

Wann immer du also die Möglichkeit hast, alte Rituale zu erlernen, nutz diese Chance.

> Ich heile mich selbst und heile ein Stück der Erde.

2. Heile deinen Körper

ben zî bene
lîd zî gelîde
sose gelîmîde sîn
(aus den Merseburger Zaubersprüchen)

Hier die gute Nachricht: Jede von uns hat ein eingebautes Navigationssystem – wir wissen, was uns gut tut! Wir haben ganz automatisch Appetit auf das, was unser Körper momentan braucht, wir spüren, wenn Bewegung Not tut, wir ahnen, was uns heilt, wenn es zwickt und zwackt.

Aber wir kommen nicht mit der Zusicherung auf die Welt, daß wir immer und jederzeit gesund und wohl sein werden und bei Krankheiten nur den Garantieschein abgeben müssen, um alles wieder ins Lot zu bringen.

„Indem wir die utopische Idee von vollkommener Gesundheit und physischer Unsterblichkeit romantisieren, distanzieren wir uns selbst von den Gegebenheiten menschlicher Existenz, zu denen auch der plötzliche Kindstod, angeborene Herzschäden, genetisch bedingte neurologische Störungen und die ganz einfache Tatsache eines plötzlichen und vorzeitigen Todes gehören", schreibt Julia Cameron.[4]

„Heilen" bedeutet ursprünglich „wieder *ganz* machen". Es geht bei der Heilung also nicht nur darum, ein gebrochenes Bein zu richten, sondern auch zu klären, warum der Kranke unbedingt wie ein Verrückter snowboarden muß.

Wir sind keine Roboter, bei denen man einfach eine Schraube anzieht, und gut isses. Göttinseidank kommen wir langsam von der Vorstellung weg, Heilung liege hauptsächlich in den Händen der Ärztin oder des Arztes und von den PatientInnen werde kaum eine Anstrengung erwartet (außer, regelmäßig Chemie zu schlucken). Heilung ist etwas Magisches, selbst die begnadetste Heilerin braucht deine Mitwirkung, braucht die Hilfe der sehr realen Faktoren Emotion und geistige Haltung und die dauerhaft liebevolle Umsorgung deines Körpers durch dich selbst.

Dr. Patch Adams (den es wirklich gibt, nicht nur im Film) meinte mal: „Wenn das Leben eines jeden von Freundschaft, Humor, Liebe, Kreativität, Hoffnung, Neugier und Staunen durchtränkt wäre – oh! –, dann bräuchten wir eine Menge weniger Medikamente. Das würde Prozac von heute auf morgen überflüssig machen."

Ich liebe meinen Körper.
Und mein Körper liebt mich.

Ich persönlich habe mich in meinem Prozeß des Heilwerdens dafür entschieden, weitgehend auf Ärzte zu verzichten (was ich beileibe nicht als vorbildlich hinstellen möchte), habe meine Ernährung umgestellt und treibe jetzt tatsächlich ein wenig Sport, obwohl ich es immer mit Winston Churchill und „Sport ist Mord" hielt, aber irgendwie verlangte mein Körper nach Yoga und langen Spaziergängen.

Egal, wie meine persönliche Krankengeschichte ausgehen mag, ich habe meinen Weg gefunden, und das macht mich heil.

Dir wünsche ich das auch!

Ich offenbare das Leben im Körper
und in der Seele.
Ich offenbare das Leben im Körper als strahlende
Gesundheit und in der Seele als Harmonie.

Verwöhntechniken

Sei lieb zu dir. Verwöhne deinen Körper. Mach ihn zu einem Tempel:

- Nimm ein Sonnenbad (eingecremt, versteht sich).
- Gönn dir einen Besuch bei einer Kosmetikerin (es gibt auch immer mal wieder kostenlose Schmink- und Pflegeangebote, wenn beispielsweise eine Kosmetiklinie eine neue Produktreihe herausbringt – nix wie hin!).
- Nimm Tanzstunden (Standardtänze, afrikanische Tänze, Tango – die Liste ist endlos; wenn du einen Partner brauchst, aber keinen hast und das Studio dir auch keinen zur Verfügung stellen kann, gib eine Anzeige im Stadtmagazin auf).
- Nimm ein Schaumbad (entzünde dazu eine Duftkerze, leg deine Lieblings-CD ein).
- Kauf dir neue Unterwäsche (nichts geht über einen Spitzen-BH und Spitzen-Höschen, nicht zur Verführung anderer, nur zu deiner Erquickung).
- Laß dich massieren.
- Kuschle mit deinem Haustier. Oder mit dem Stoffteddy.
- Geh am Strand oder im Wald spazieren.
- Setz dich in ein Straßencafé, schau den Vorübergehenden zu und gönn dir ein Eis/eine heiße Schokolade.

Trendkrankheiten adieu

Jede Zeit hat die Krankheiten, die sie verdient. Wenn du regelmäßig Zeitung liest oder fernsiehst, weißt du ja, welche Krankheiten gerade angesagt sind.

Vor kurzem noch war der hohe Cholesterinspiegel die Geißel der Menschheit. Wir durften keine Eier essen, bis sich herausstellte, daß die Eier unschuldig sind und die Neigung zu erhöhtem Cholesterin „im Blut" liegt, nämlich in den Genen. Morgen wird es eine andere Trendkrankheit sein – BSE, Krebs durch Fritten, abstehende Ohren durch Handystrahlen. Laß dich davon nicht kratzen. Übernimm nicht die Ängste anderer, wo du doch auch unter widrigsten Umständen heil sein kannst. Der Jesuitenpater Klaus Luhmer, als junger Missionar in Japan, erlebte am 6. August 1945 den Abwurf der Atombombe auf Hiroshima mit. Danach war er tagelang der atomaren Strahlung ausgesetzt, als er half, Tote und Verwundete zu bergen. Er ist bis heute gesund geblieben.

Was in dein Leben kommen will – um dir etwas beizubringen –, wird kommen. Da mußt du dir nicht noch zusätzlich Krankheiten „holen", indem du ständig darüber liest oder davon hörst. Wenn du zur Hypochondrie neigst, dann meide alles, bei dem es ums Kranksein geht – zappe bei Fernsehsendungen weiter, blättere die Zeitungsseite um. Umgib dich nur mit „Gesundem", das heißt mit all dem, was dem Leben zuträglich ist.

Raus aus der Opferhaltung

Nimm deine Umstände selbst in die Hand, anstatt dich zum Opfer zu machen. Lern, wenn du pessimistisch gestimmt bist, dich über das Handeln zum richtigen Denken zu bringen, statt zu versuchen, dich durch Denken zum richtigen Handeln zu bewegen, rät Julia Cameron. Kurzum: Tu etwas! Körperliche Einschränkungen, selbst extreme, machen dich nicht zum Opfer – nur deine Einstellung. Ich sammle seit langem Zeitungsbilder von Querschnittgelähmten, die Berge erklimmen, und Glasknochenkranken vor den Pyramiden von Gizeh – wenn Menschen mit solchen Einschränkungen die Welt für sich erobern können, dann können du und ich das auch.

Ein Tag im Bett
Mindestens einmal im Monat verbringe ich einen Sonntag im Bett. Herrlich! Macht auch allein tierisch viel Spaß. Ich schalte das Handy aus und den Anrufbeantworter ein, stapele meine Lieblingsbücher um mich, stelle ein Tablett mit meinem Lieblingssnack und eine Riesenthermoskanne Tee auf den Nachttisch und bleibe ungewaschen im Pyjama den ganzen Tag im Bett liegen. Manchmal schaue ich ein Video an oder telefoniere mit einer Freundin, aber meistens döse ich immer wieder weg.

Am nächsten Tag könnte ich Bäume ausreißen – nicht nur dürre Birken, nein: dicke Eichen!

Besen verschlucken
So simpel es klingt, aber eine gerade Haltung sorgt auch für ein aufrechtes Lebensgefühl. Kraftlose Menschen haben oft eine eingefallene Haltung – oder führt die eingefallene Haltung zu Kraftlosigkeit? Jedenfalls achte auf deine Haltung: Wann immer du bemerkst, daß du zusammensackst, richte dich wieder auf. Besuch einen Rückenkurs in der VHS, mach Pilates bei einer ausgebildeten Trainerin – tu etwas für eine gerade Haltung.

Fußmeditationen
Geh spazieren! Wenn du die Situation, in der du Stress hast, nicht verlassen kannst (zum Beispiel deinen Arbeitsplatz), dann steh wenigstens hin und wieder auf und geh ein paar Schritte. Oder sorg zumindest in deiner Pause für Bewegung.

Geh von der Arbeit zu Fuß nach Hause (bzw. steig

eine oder zwei Haltestellen früher aus und geh dann zu Fuß). Wenn auch das nicht geht, bau zwei-, dreimal die Woche eine Stunde Spaziergang ein, vorzugsweise naturnah (im Stadtpark), aber selbst ein Marsch durchs Industriegebiet ist besser als gar nichts. Atme dabei bewußt tief (bei Anspannung atmen wir immer zu schnell und zu flach). Und laß deine Gedanken zur Ruhe kommen. Grübele nicht über deine Situation, sondern halte Augen und Ohren für die Umgebung offen.

Kraftschöpfendes Bewegungsrelaxing

In der Ruhe liegt bekanntlich die Kraft. Versuch es mal mit Sportarten, bei denen es vor allem um Entspannung geht. Zen-Walking, Tai Chi und Yoga fallen mir da spontan ein. Aber nicht Extrem-Tai Chi oder Power-Yoga aus dem schicken Fitneßstudio, dessen Mitgliedsbeitrag allein schon Statussymbol ist, sondern die altehrwürdige Art, bei der eine versierte Lehrerin oder ein Lehrer das Wissen hautnah vermitteln (durchaus auch mal in einem leicht versifften Hinterzimmer). Ich treibe ja nun wirklich wenig Sport, aber das bißchen Zen-Walking (neudeutsch für Spazierengehen) und Yoga* waren und sind für meinen Körper überlebenswichtig.

Mit dem Nicht-Heil-Sein leben

Manchmal werden wir krank. Manchmal bleiben wir auch

* „Genau genommen ist unser ganzes Leben eine Verkörperung von Yoga. Wir atmen ein und aus: Das ist Pranayama, ein Teil des Yoga. Wenn wir Auto fahren, wenn wir Essen kochen, ja sogar, wenn wir an unseren geliebten Partner denken wollen, müssen wir konzentriert meditieren. Das ist Yoga", schreibt Muktananda. Mich hat allerdings eher Miranda Shaws kühne Behauptung zum Yoga gebracht, daß Yoginis magische Kräfte erlangen und zu machtvollen Verführerinnen werden, zu erleuchteten Frauen mit der Fähigkeit, eine direkte Erfahrung der Wirklichkeit durch eine genau gezielte Geste oder ein Wort auszulösen.(8)

krank. Das ist nur im ersten Moment ein Schlag ins Gesicht. Du kannst mit allem – wirklich mit allem – fertigwerden. Bisweilen hilft es, wenn du deinen Kummer oder deine Schmerzen als integralen Bestandteil deines Lebens betrachtest und trotzdem – oder gerade deshalb – weiterlebst. Das Nicht-Heil-Sein gehört zu dir, zweifelsohne kannst du davon sehr viel lernen: Geduld, Gelassenheit, die Konzentration auf das wirklich Wesentliche.

Wenn du all deine Probleme vergessen möchtest,
dann trage Schuhe, die dir eine Nummer zu klein sind.
Mildred Watts

3.Wahrhaft heil sein

Carpe diem – nutze den Tag.

Adele Getty weist uns darauf hin, daß die Vertreterinnen der Göttin Ischtar selbst im Tod ihre Brüste darbieten, um die Seele auf der Reise in die Unterwelt und weiter zu nähren; sie bestätigen somit, daß der Tod wie das Leben unter dem Schutz des Göttlichen stehen.

Um sich zu erneuern, ist alles, was lebt und lebendig bleiben will, auf Zerfall und Tod angewiesen. Zerfall, Auflösung, Tod – all das, was uns schrecklich erscheint, ist kein Hindernis für das Leben, sondern dessen Grundvoraussetzung. Schöpfung geschieht jeden Tag neu, das wußten schon die alten ÄgypterInnen; der Schöpfungsprozeß dauert an.

Genug des Drumherumredens. Auch wir – du und ich und die Menschen, die wir lieben – sind in diesen Kreislauf der Schöpfung eingebunden. Das ist eine erhabene Vorstellung und kein Grund, eine Träne zu verdrücken oder gleich ins Wasser zu gehen. Du bist so unsterblich wie das Leben selbst: ein Faden im gigantischen Webteppich des Seins, eine Momentaufnahme in dem unendlichen Gruppenbild allen Lebens. Sag *Cheese!*

KRAFTRITUALE FÜR EIN LEBEN MIT DEM TOD

Totenbücher lesen
Beschäftige dich mit den „Totenbüchern" der Menschheit! Das heißt nicht, ständig depressiv und in Trauerkleidung herumzulaufen, nur hin und wieder der Sterblichkeit einen Gedanken zu widmen. Lies das Ägyptische Totenbuch, das Bardo Thödol aus Tibet, Raymond Moodys „Das Leben nach dem Tode" oder andere alte und neue Überlieferungen – Mut machende Beweise für die *autre monde* jenseits des „irdischen Jammertals".

Vorsorge treffen
Beschäftige dich offen mit deinem eigenen Tod. Auch wenn du nicht krank bist, kann dich schon morgen der Bus der Linie 43 platt walzen. Sind deine Liebsten dann versorgt? Gibt es einen Platz für deine Tiere? Hast du ein gültiges Testament aufgesetzt? Und was ist mit dir: Kannst du an deinen Tod denken, ohne gleich voll Panik zu hyperventilieren? Hast du das Gefühl, der Welt deinen Stempel aufgedrückt zu haben? Glaubst du, daß du unter dem Schutz der Göttin geborgen bist – und erst abberufen wirst, wenn deine Aufgabe hier erfüllt ist?

Familienerbstücke
Du mußt nicht reich sein, um etwas zu vererben. Schreib beispielsweise alte Familienrezepte auf und verschenk die Sammlung, hübsch gebunden und vielleicht mit Fotos

und kleinen Anekdoten über Onkel Jürgens Schweinehalsepisode, an jüngere Familienmitglieder. Wenn sie es jetzt auch noch nicht zu schätzen wissen, irgendwann werden sie es. Und du hast dazu beigetragen, daß die Geschichte weitergeht, daß das Wissen deiner AhnInnen nicht verlorengeht.

Pflanze einen Baum
Du kennst ja den Spruch: Zeuge ein Kind, pflanz einen Baum, bau ein Haus. Ist zwar eher für Jungs gedacht, aber auch für uns Mädels gilt: Tu etwas, das dich überlebt. (Also, aller Voraussicht nach.) Kinder stehen natürlich ganz oben auf der Liste, aber die Liste ist endlos: Hilf mit, ein Frauenhaus zu gründen; engagiere dich für ein Museum; investiere in ein Projekt für umweltfreundliche Energiegewinnung; geh in die Politik. Arbeite am Lauf der Geschichte mit, auch wenn dein Name niemals in einem Geschichtsbuch auftauchen wird. Gestalte die Zeit, in der du lebst, aktiv mit – im Großen wie im Kleinen!

> *Was mein persönliches Lebensziel betrifft, möchte ich zwei Dinge erreichen: erstens, das Vertrauen zu haben, daß noch mehr Zeit vor mir liegt, mich nicht durch die engen Grenzen eines Lebens beirren zu lassen; und zweitens, den Tod als ein neues, wunderbares Abenteuer zu empfinden. Wenn diese beiden zu einem wirklichen Gefühl der Sicherheit werden, hat das, was in mir lebt, sein Ziel erreicht – und ich hoffe, daß ich mein Ziel erreiche. Es würde die absolute Befreiung von Angst bedeuten, die letztlich eine Form der Sklaverei ist.*
>
> Freya Stark, Orientreisende
> am Ende des britischen Empires(9)

Lob der Ischtar

Sie ist gehüllt in Wohlgefühl und Freude,
voller Vitalität, Charme und Sinnlichkeit.
Ihre Lippen sind süß, ihr Mund schenkt Leben.
Wo sie erscheint, wird Freude zu Entzücken.
Sie ist ruhmreich, doch Schleier verhüllen ihr Antlitz.
Sie hält das Schicksal von allem und allen in der Hand.
Ihr Blick erschafft Freude, Kraft, Erhabenheit,
sie ist schützende Gottheit und beschützender Geist.
Wer kommt ihrer Größe gleich?
Ischtar – wer kann sich mit ihrer Größe messen?
Was sie bestimmt, hat Macht, Kraft und Größe.

(Akkadische Anbetung)

6
Wie Frauen spielerisch die Fülle erobern und reich werden können
um sich alles zu gönnen, was ihnen gut tut

In Einheit von Denken und Tun
offenbart sich die Persönlichkeit.
Epiktet

Dieses Kapitel handelt vom Unterschied zwischen gewöhnlichem Reichtum und weiblicher Fülle. Unsere Kraft läßt sich nicht mit Geld kaufen, aber es gibt Tips, wie wir genügend Geld zu uns rufen können, um uns all das zu gönnen, was uns Kraft gibt.*

Der Ozean des Lebens ist übervoll. Von überall her kommt Gutes auf mich zu.

1. Eine Schatzkarte anlegen

Reichtum im herkömmlichen Sinn werde ich dir hier nicht versprechen. Ich wünsche dir ja auch nicht die Krätze an den Leib!

Aber unendliche Fülle, die gibt es sehr wohl. Und die mußt du auch nicht mühsam produzieren, du kannst sie einfach akzeptieren und dich auf sie einstellen. Wir leben nämlich in einem Universum der Fülle.

* Ich könnte es mir ja einfach machen und sagen: Lies mein *Buch der Fülle* (Frauenoffensive, München 2001), aber das verkneife ich mir.

In diesem Universum zirkuliert alles – und landet dabei zeitweise bei dir. Wobei die Grenze für dein persönliches Glück und deinen Erfolg nur deine Annahme setzt, daß es dafür überhaupt eine Grenze geben müsse.

Wohlstand bedeutet, alles zu haben, was dich lustvoll leben läßt, dir Kraft verleiht, dich als Mensch weiterbringt, nicht alles zu haben, was es auf dem weiten Erdenrund zu kaufen gibt und gerade total angesagt ist. Denn Wohlstand, Fülle ist eigentlich ein Spiel. Was immer du brauchst, es gehört dir bereits, steht dir schon zur Verfügung – du mußt das nur anerkennen und es beanspruchen. Siedle dich spirituell dort an, wo die Fülle ist.

Heiterkeit ist eine magische Wandlungsenergie. Lenke deine Energie nicht in Jammerorgien und Sorgenfalten, sondern in freche, unverschämte, lustvolle, kreative Aktionen, die dich deinen Zielen näherbringen. Das Leben ist ein großartiges Abenteuer. Lebe – lustvoll und tollkühn!

Ich lebe in verschwenderischer Fülle!

KRAFTRITUALE FÜR DEN „REICHEN BLICK“

Lieblingsdinge

Schreib die dreiunddreißig (!) Dinge auf, die du am allerliebsten hast: beispielsweise eine professionelle Pediküre, Filmklassiker im Programmkino und dazu die Familienpackung Popcorn, durch den Wald laufen, im Streichelzoo die Babyziegen kraulen, im Straßencafé Eiskaffee schlürfen und Leute gucken – egal. Es müssen mindestens 33 Punkte sein, keine Ausnahme.

Nicht weiterlesen! Erst Stift und Papier holen und schreiben!

Wenn du damit fertig bist, holst du deinen Kalender und schaust, welchen Punkt du in den nächsten vierundzwanzig Stunden abhaken kannst. Deine Kosmetikerin ist in Urlaub, das Programmkino wird gerade umgebaut, und du hast kein Geld für euroteuren Eiskaffee? Dann bleibt der Wald. Gönn ihn dir – und spür am eigenen Leib, wie gut es das Universum mit dir meint!

Stolzgeschwellte Brüste

Schreib dreizehn Dinge* auf, auf die du stolz bist. Nicht Dinge, auf die du stolz sein solltest, weil andere das von dir erwarten – der Einserdurchschnitt beim Abitur oder daß du das hohe C singen kannst –, sondern Dinge, auf die *du* stolz bist.

Ich bin zum Beispiel stolz darauf, mir im hohen Alter von zwölf Jahren – alle anderen konnten es bereits – das Schwimmen beigebracht zu haben. Gut, mein Freestyle-Brustkraulen sieht furchtbar aus, und Franzi von Almsieck würde mich auch dann noch abhängen, wenn sie ohnmächtig im Wasser treibt, aber egal – ich bin stolz darauf.

Du bist vielleicht stolz auf deine Teilnahme am Berlin-Marathon, deine selbstgestrickten Norwegerpullis, darauf, wie prächtig sich deine Zwillinge entwickelt haben oder daß du letzte Woche trotz Platzangst Aufzug gefahren bist.

Stolz ist nicht per se eine Sünde, sondern Vergnügen an der eigenen Identität, Ausdruck dessen, was dich und dein Leben im besten Sinn ausmacht. Schau dir die dreizehn Punkte gut an: Das ist Fülle!

* Wenn ich hier konkrete Zahlenvorgaben mache, dann aus gutem Grund: Auch Zahlen wohnt eine Magie inne. Also halte dich an die Vorgaben und schau, was passiert.

2. Neue Wege wagen

Du mußt nicht bis ans Ende deiner Tage Steuerfachgehilfin, Hausfrau, Anwältin oder Lehrerin an Grund- und Hauptschulen bleiben. Es gibt keinen Mangel an Gelegenheit, von dem zu leben, was dir Freude bereitet – es gibt höchstens einen Mangel an Entschlußkraft, es in die Tat umzusetzen. Wenn es dich drängt, Aikido-Meisterin, Sopranistin oder Zahnarzthelferin zu werden, dann folge deiner Berufung! Lebe deinen Traum – mach ihn real oder stirb bei dem Versuch den Heldinnentod.

Und wenn dich nichts drängt? Wenn du mit dem, was du hast, glücklich bist? Da sage ich nur: Brava! Wenn du jedoch das Gefühl hast, es fehle etwas in deinem Leben, wenn dir diese Leere die Kraft raubt, dann geh in dich. Auch du hast eine Berufung, eine innere Stimme, die dir zuflüstert, wo dein Platz in dieser Welt ist. Möglicherweise hast du sie zum Schweigen gebracht. Die Stimme hat dir zugeflüstert, daß du eigentlich alten Menschen helfen willst, sie um- und versorgen möchtest, aber dein rationaler Verstand hält dagegen, daß Altenpflegerinnen nichts verdienen und unmögliche Arbeitszeiten haben und der Beruf prestigetechnisch gesehen nichts hergibt. Dein Glück wirst du allerdings nur finden, wenn du den Vorschlaghammer, mit dem du deine innere Stimme bislang zum Schweigen brachtest, aus der Hand legst und dir konkrete Schritte überlegst, wie du dich zur Altenpflegerin umschulen lassen könntest, welche Veränderungen in deinem Leben dafür notwendig sind usw.

Kein Geld der Welt kann dich glücklich machen – und Geld beruhigt auch nicht die Nerven. Das ist eine freche Lüge derer, die dich als Hamster in ihr Rad einflechten wollen, damit du rackerst und rackerst und deren Vermögen mehrst. Dein Glück findest du nur in dir. Und wenn du dein Glück gefunden hast, wirst du merken, daß es ein universelles Gesetz der Versorgung gibt, das dich trägt. Du wirst immer alles haben, was du zum Leben brauchst.*

Wobei die junge Frau im Märchen den Goldregen von Frau Holle nicht wegen ihrer blonden Locken bekam, sondern weil sie beherzt zupackte und alle Arbeiten gewissenhaft und „frohgemuth" (d.h. ohne Gejammere und Murren und ohne Dienst-nach-Vorschrift-Mentalität) erledigte. Wenn du beruflich das machst, was du gern tust, wirst du davon leben können, aber du solltest schon auch wissen, wie die Worte „Disziplin" und „Fleiß" buchstabiert werden. Wobei sich das in einem Beruf, den eine von Herzen liebt, quasi von selbst ergibt.

KRAFTRITUALE FÜR NEUE WEGE

Finanzkontrolle

Setz dich sofort hin und begleiche eine Rechnung. Offene Rechnungen vor dir herzuschieben, mag dir ja Luft verschaffen, wirkt sich aber desaströs auf dein Innenleben aus. Dein Unterbewußtsein weiß, daß du deine Finanzen nicht unter Kontrolle hast. Auch wenn du trotzdem ruhig schlafen kannst, zeitigt das böse Folgen. Begleiche Rechnungen immer sofort!

* Wenn du allerdings glaubst, zum Überleben seien eine Prachtvilla, ein Porsche und immer die neuesten Designerfummel der Saison notwendig, dann wirst du dir wohl oder übel einen reichen Schlipsträgersack angeln oder eine norm-konforme Karriere anstreben müssen. Mein herzliches Beileid!

Lästige Finanzpflichten

Alle drei Monate muß ich als Freiberuflerin sämtliche Quittungen und Belege meiner Steuerberaterin schicken. Ich hasse das! Früher lag alles querbeet durcheinander, was die Zusammenstellung der Belege gleich noch mal so lange dauern ließ. Mittlerweile habe ich das zu einem kreativen Projekt erklärt. Ich habe mir bunte Kisten gekauft (mit herrlichen Motiven – von Jaguartüpfelchen bis zu Schottenkaros, der Alptraum jeder Innenarchitektin, aber für mich total stimulierend), und darin liegen jetzt brav geordnet alle Finanzunterlagen. Wenn du wiederkehrende unangenehme Pflichten hast, mach sie dir einfach schöner!

Urlaub in der eigenen Stadt

Extrem kostengünstig. Bummle durch fremde Stadtviertel, geh in Kneipen, die du sonst nie aufsuchst, schnuppere in ganz ausgefallene Boutiquen oder Museen hinein, setz dich in ein Café und beobachte die Leute, als seist du eine Ethnologin, die ein fremdartiges Eingeborenenvolk beobachtet.

Nicht ganz so kostengünstig: Check in einem Hotel in deiner Stadt ein. Laß dich in eine wunderbare Anonymität fallen. Das Handy bleibt zu Hause – du machst Urlaub vom Alltag.

Du wirst alles ganz anders empfinden und auch dich selbst neu erleben. Gelebte Fülle mit kleinen Mitteln!

Verreise! In Gedanken

Ob beim Zahnarzt oder in der U-Bahn: Geh während der Wartezeiten auf Reisen. Träum dich nach New York oder auf die Fidji-Inseln. Schließ die Augen, lockere die Kiefermuskulatur, laß die Schultern fallen und atme langsam und bewußt aus (das Einatmen geschieht von allein). Die positive Wirkung der Meditation ist unbestritten, und auf diese Weise erlebst du in Tagträumen spannende Abenteuer in fremden Welten – völlig ungefährlich und ohne daß deine Frisur dabei verrutscht.

Buddhabäuche

Kauf eine dieser herrlich runden Buddha-Figuren und stell sie auf deinen Schreibtisch (wahlweise in die Reichtumsecke deiner Wohnung – wenn du *Fäng Shuhi*-Anhängerin bist und weißt, wo sich die Reichtumsecke in deiner Wohnung befindet...).

Die ChinesInnen bezirzen das materielle Glück gern und glauben, wenn eine täglich über den dicken Kugelbauch des Buddha streicht, beschere das spirituelle und monetäre Reichtümer. Erst ausprobieren, bevor du darüber lachst!

Großzügigkeit praktizieren

Bist du eine Kleinlichkeitsdenkerin und glaubst, damit eine viel hat, müsse eine andere weniger haben? Bockmist! Wir leben in einem Universum der Fülle, es ist für uns alle genügend da. Aus dem Wissen der Versorgtheit heraus solltest du Großzügigkeit praktizieren: Gib reichlich Trinkgeld, spende bereitwillig – und nicht nur zu Weihnachten –, mach deinen FreundInnen (gern auch völlig Fremden) Geschenke! Die Fülle will zirkulieren.

> Das Universum will, daß ich wohlhabend bin. Ich akzeptiere dankbar, daß die Fülle jetzt in mein Leben strömt.

3. Die Fülle ist lustvoll

Die wahre Funktion des Geldes besteht nicht darin, es zu besitzen, sondern es zu gebrauchen. Die Hauptmotivation beim Geldverdienen liegt darin, Erfahrungen zu kaufen.
Stuart Wilde

Die Fülle mag keine finsteren, ungastlichen Herbergen. Sie kommt nicht zu einer, die voll düsterer Zweifel steckt; sie bevorzugt heitere, unbekümmerte Frauen, die sich auf ihrem Lebensweg um lustvolle Erfahrungen für sich und andere bemühen.

Verschwende deine kostbare Lebensenergie nicht länger an Dauersorgen oder eine negative Haltung. Lebe in dem sicheren Bewußtsein, daß alles für dich arbeitet, dann kommen dir mit Sicherheit genug kreative Ideen, um aufregende, neue Dinge in deinem Leben geschehen zu lassen. Das Universum bietet ein riesiges Sicherheitsnetz – laß dich fallen!

KRAFTRITUALE FÜR EIN LUSTVOLLES DASEIN

Das luxuriöse Ich
Wenn du an dir selbst knauserst, zeigt das nur, daß du nicht an die Fülle in deinem Leben glaubst und/oder der Ansicht bist, es nicht wert zu sein, in Fülle zu leben. Schwester, laß dir eins gesagt sein: Du bist das Ebenbild der Göttin und hast nicht nur die Kraft, sondern auch die Verpflichtung, deine Welt so zu gestalten, wie es deine innere Sehnsucht verlangt.

Also lauf weder zu Hause noch sonstwo in zerschlissener Kleidung herum und leiste dir statt drei Billigpullis lieber einen einzigen aus Kaschmir. Iß von deinem schönsten Teller, nicht direkt aus der Packung. Verreise lieber selten, dafür erster Klasse. Lebe so reich, wie es dir möglich ist, mit dem, was du bereits hast. Und freu dich auf das, was du noch bekommen wirst!

Reich reden

Wenn du merkst, daß du dich selbst als „arm" oder „finanziell eingeschränkt" bezeichnest, wenn du dich sagen hörst, du könntest dir dies oder jenes „nicht leisten", dann halte sofort inne und ruf dich zur Ordnung. Erlaube es keinem dieser Beschränktheitsgedanken, es sich in deinem Kopf und deinem Leben gemütlich zu machen. Wenn so ein Gedanke auftaucht, ersetze ihn stante pede durch einen Gedanken der Fülle. Es genügt schon das Wort: FÜLLE!

Hast du einen solchen „beschränkten" (d.h. deine Fülle einschränkenden) Gedanken im Gespräch mit anderen laut ausgesprochen, dann fahre mit einer Korrektur fort: „Ich meine damit, daß ich es mir leisten könnte, wenn ich wollte, aber ich habe gerade andere Prioritäten."

Sag nie „Ich kann nicht", allenfalls „Ich will nicht" – das stärkt deine Eigenverantwortlichkeit und deine Selbstsicherheit. Du „machst" dein eigenes Universum möglich!

Pfennig-Bespucken

Meine Großmutter hatte immer einen Pfennig in ihrer Geldbörse, den sie hin und wieder dreimal anspuckte (Tip: Nicht zuviel Spucke verwenden – es geht um die symbolische Geste, nicht darum, hinterher den Geldbeutel mit einem Küchentuch trockenzurubbeln...). Meine Oma glaubte fest, daß sie diesen Pfennig nie ausgeben dürfe, denn er mußte eine wichtige Aufgabe erfüllen: nämlich Geld in ihren Geldbeutel locken!

Aus eigener Erfahrung darf ich berichten, daß diese Methode auch mit einem Euro-Cent funktioniert. Also nimm einen Cent, spucke ihn dreimal an und steck ihn vertrauensvoll in deinen Geldbeutel. Dann wird dir das Geld niemals ausgehen!

Was wir aufrichtig und zutiefst anstreben,
das sind wir in gewisser Weise schon.
Das bloße Wollen verändert unser ganzes Sein,
und der Wunsch wird zur Wirklichkeit.
Anna Jameson

Auch auf ihrem demütigenden Weg in die Unterwelt, die Welt der Kraftlosigkeit, auf der ihr alle Pracht, alle Statussymbole, alle Kraft-Insignien, alles, was ihr an Äußerlichkeiten wichtig war, und all ihre Würde abgenommen wird, zeigt sich Ischtar nicht als verhuschtes Mäuschen, wird sie nicht zum Opfer. Sie weiß um die zyklischen Spiralen des Lebens, die eine bisweilen auch in die tiefsten Tiefen führen können. Dennoch schreitet sie erhobenen Hauptes ihren Weg.

O Torwächter, öffne die Tür!
Öffne die Tür, damit ich eintreten kann!
Falls du das Tor nicht öffnen willst
und ich nicht eintreten kann,
Will ich die Tür zerschmettern
und den Riegel zerschlagen,
Will ich den Torpfosten zertrümmern
und die Tore bewegen,
Will ich die Toten aufwiegeln,
die Lebenden zu verspeisen,
So daß die Toten die Lebenden
an Zahl übertreffen werden.

(Sumerischer Text)

7
Wie frau ihr Leben wirksam entrümpelt
und sich Freiräume schafft

Schöner als der vollste Besitz
ist die Erwartung des Glücks.
Emmanuel Geibel

Wir lassen uns erdrücken: von unseren Besitztümern, aber auch von Terminen, von den Erwartungen an uns, von Leistungsdruck und Freizeitstress. Entrümpeln gibt in jeder Hinsicht neue Kraft.

1. Energie will fließen

Du bestehst aus Energie, alles um dich herum besteht aus Energie, das ganze Leben besteht aus Energie. Und Energie will fließen. Wenn du dafür sorgst, daß alle Energie in deinem Dasein frei fließen kann, führt das zu einem ungeheuren Kraftzuwachs.

Alles, was den freien Fluß hemmt, muß weg. So einfach ist das. Aber natürlich ist das tierisch schwer, vor allem, wenn es um Menschen geht – oder um die Berge von Gerümpel in unserer Wohnung.

Dabei spiegelt alles um dich herum dein inneres Wesen wider. Und schieb das jetzt nicht auf äußere Beschränkungen: von wegen kein Geld oder du lebst auf einer abgelegenen Insel und kannst dir die anderen InsulanerInnen nicht aussuchen...

Du bist mit deinem Umfeld – deiner Habe, den Menschen deiner Umwelt – durch feine Energiefäden verbunden. Wenn du dich mit Dingen umgibst, die du liebst, mit Menschen, die du magst oder achtest, wird das für dich zu einer großartigen Quelle der Stärkung.

Alles, was du nicht brauchst oder nicht liebst, Menschen, die dich nach unten ziehen – all das hemmt dich körperlich, geistig und spirituell; je länger du diese Verbindungen aufrecht erhältst, desto tiefer ziehen sie dich.

Krempel ist ein wahrer Kraftsauger: Er läßt dich stagnieren, du brauchst ewig, um ihn zu putzen, er erinnert dich dauernd an deine Vergangenheit. Und er beweist, daß du nicht loslassen kannst, daß du deinen Besitztümern „verhaftet" bist.

Das Leben ändert sich ständig. Wenn also etwas in dein Leben tritt, dann genieß es in vollen Zügen und laß es los, wenn die Zeit gekommen ist. Wie Karen Kingston sagt: „Alles Materielle ist nichts anderes als Energie im Übergang." Nichts gehört dir auf ewig, auch nicht dein Körper. Es ist eine Leihgabe, an der du dich erfreuen darfst und die du dann weitergibst.

Die Natur kennt Vorlieben und Abneigungen – das Vakuum haßt sie. Entledige dich also der Dinge (und Menschen und Einstellungen), die du nicht wirklich brauchst, dann wird Neues automatisch nachfließen. Durch Weitergeben und Nichtfesthalten erhöht sich der Energiefluß.

Entledige dich all dessen, was du nicht mehr brauchst, mach Platz für das, was dir in diesem Augenblick Kraft gibt.

KRAFTRITUALE FÜR FLIEßENDE ENERGIEN

Hestia-Ritual

Bei meiner Freundin Sabrina ist es der gesamte Samstagnachmittag. Bei mir ist es in der Regel jeden Morgen gegen neun Uhr eine Viertelstunde. Ich spreche vom Hausputz.

Hestia, auch Vesta genannt, ist die göttliche Beschützerin von Heim und Herd, die Göttin der menschlichen Ordnung. Sie zu ehren kann bedeuten, den Staubsauger zu schwingen, Staub zu wischen und den Müll rauszutragen. Je nachdem, wie deine Lebensplanung aussieht, machst du das alle paar Tage oder brichst die Aufgaben jeden Tag herunter.

Mach das Bett

Klingt trivial, hat aber eine große Wirkung. Bevor du morgens aus dem Haus gehst, mach das Bett. Auch wenn du im Haus bleibst: Mach das Bett. Tun sagt immer mehr als 1000 Worte. Und das Bett zu machen sagt deinem Unterbewußtsein, daß du dein Leben unter Kontrolle hast. Außerdem ist es viel aufbauender, abends in eine ordentliche Wohnung heimzukommen.

Räum eine Schublade auf

So simpel es klingen mag: Wenn du in einem äußeren Bereich deines Lebens Ordnung schaffst, überträgt sich das auch auf dein Innenleben. Du fühlst dich konzentrierter, mehr in Kontrolle.

2. Deine Verantwortung als Besitzerin

Die Zeit war gekommen, mein Schlafzimmer zu streichen. Eigentlich war diese Aktion überreif. Ich hätte das Geld für einen professionellen Maler sicher zusammensparen können, aber ich stellte gerade meine umfangreiche Videosammlung auf DVDs um – sehr kostenintensiv! Also war Selberstreichen angesagt. Ich schob es vor mir her. Meine Ausrede: Ich war ja sooo kraftlos. Aber als ich die letzten Zeilen schrieb, in denen ich dich anpeitsche, endlich den Hintern hochzukriegen, konnte ich mich selbst im Spiegel nicht mehr ansehen. Also erstellte ich eine Liste. Es war simpel: Farbe kaufen, einen Pinsel kaufen, Tageszeitung horten, um sie auszulegen. Fertig. Und die Tageszeitungen hatte ich schon gehortet! Muß ich noch erwähnen, daß mein Schlafzimmer mittlerweile in neuem Glanz erstrahlt?

Du übernimmst nicht nur Verantwortung für die Menschen, Tiere und Pflanzen in deiner Umgebung, sondern auch für die Dinge. Behandle sie pfleglich. Repariere sie, wenn sie kaputt gehen.

Ich gehöre zu den Leuten, die gern „schludrig“ werden, Sachen horten und Macken lieber kaschieren als beheben. Das ist eine Unart, die von mangelndem Respekt gegenüber meinen Besitztümern, aber auch mir gegenüber spricht.

Solange du aus einer solchen Unart, einem solchen Fehler nichts lernst, hat dich der Fehler fest im Griff. Du wirst immer wieder in dieselbe Falle tappen. Fehler gehören zum Lernprozeß dazu, also mach dir keine Vorwürfe. Du darfst dich auch gern eine Weile zurückziehen und deine Wunden lecken oder dir von einer guten Freundin die Hand halten lassen. Aber dann heißt es: Ärmel hochkrempeln und realisieren, was du aus dem Desaster, für das du verantwortlich bist (genau, dich trifft immer eine Mitschuld), lernen kannst. Und dann lern deine Lektion und setz deine Erkenntnisse in die Tat um. Ich habe mittlerweile gelernt, daß ich kein Hamster bin und nichts horten muß. Und was kaputt ist, wird repariert.

> Ich kann mein Leben ändern. Und
> den ersten Schritt mache ich genau jetzt!

Laß die Wut raus

Aufgestaute Wut kann uns kraftlos machen. Um dem vorzubeugen, solltest du deine Wut nie so horten wie Dagobert Duck seine Goldstücke. Es macht eh keinen Spaß, darin zu baden...

Laß die Wut raus, spüre ihre Kraft. Meinetwegen kannst du auf ein Kissen einschlagen oder mit den Füßen trampeln und dabei laut herausschreien, was dich ärgert. Mir persönlich hilft es mehr, im Stechschritt durch die Landschaft zu marschieren (was die NachbarInnen in meinem hellhörigen Wohnhaus sehr zu schätzen wissen...). Wenn ich nicht gleich loslaufen kann, rauche ich eine Zigarette, und mit dem Rauch laß ich auch Dampf ab. Finde heraus, was bei dir funktioniert und praktisch ist: Fußboden schrubben, auf der Damentoilette die Papierhandtücher zu Kügelchen rollen, deinen Ärger aufschreiben. Was immer. Und wenn du dann wieder ruhig und kraftvoll durchatmen kannst, überlege dir Gegenstrategien gegen das, was dich wütend machte.

3. Fortzaubern

Nichtanhaftung – das buddhistische Prinzip des Loslassen Könnens – ist auch für uns westliche Hexen eine durchaus lernenswerte Lektion.

Jetzt die Beichte des Tages: Als ich noch jung und doof war, habe ich einen Liebeszauber gewirkt, weil ich nicht wollte, daß ein bestimmter Mann mich verläßt. Hat funktioniert. Und eine Zeitlang war ich auch echt häppi. Aber dann kam der Tag, da wäre ich ihn gern losgeworden. Doch nein, er haftete wie festgeleimt in meinem Leben. Noch heute geistert er bisweilen herum. Es ist nämlich viel leichter, sich an etwas zu binden, als sich wieder zu lösen.

Heute bin ich nicht mehr jung, aber immer noch doof, deswegen predige ich auch gern mit Oberlehrerinnenstimme von Dingen, die ich selbst nicht beherrsche. Aber das Loslassen habe ich mir mittlerweile weitgehend beigebracht – das solltest du auch.

Klammere dich weder an Menschen noch an Dinge noch an Situationen. Genieße alles, solange es in deinem Leben ist, aber dann laß es auch ziehen, damit Raum geschaffen wird für Neues – neue Erfahrungen, neues Glück. Die Erinnerungen bleiben dir ja – und durch das Neue wirst du bereichert. Laß also die Energie fließen.

KRAFTRITUALE FÜRS FORTZAUBERN

In der dritten Person

Kannst du in einer Situation nicht loslassen, bist du ihr verhaftet? Du siehst keine Chance, beruflich voranzukommen? Du weißt nicht, wie du mit deinen beiden zänkischen Schwestern umgehen sollst? Beschreib deine Situation schriftlich – in der dritten Person! Tu so, als würdest du einen Film nacherzählen: „Sie ist eine Frau mittleren Alters mit zwei älteren Schwestern. Die Mutter ist pflegebedürftig und wohnt im selben Haus wie die drei Frauen. Alle vier sind geschieden. Sie, die Jüngste im Haus, hat noch nie allein gelebt.“ Die Distanz, die dir diese Form eines Lageberichts verschafft, wird dir Aha!-Erkenntnisse sondergleichen bescheren.

Gerümpelzauber

Gerümpel behindert dein Leben – also zaubere es fort. Die moderne Hexe kennt dafür drei Methoden:

- *1. Tu es!*

  Wenn deine Wohnung wie eine Grotte wirkt, weil durch die schmutzigen Scheiben das Tageslicht nur noch als diffuses gelbes Dämmerlicht durchdringt, dann hol einen Eimer und einen Lappen und putz die Fenster. Sofort!
- *2. Laß es tun!*

  Wenn dich im Leben nur drei Dinge anekeln – untreue LebenspartnerInnen, haarige Raupen und Fensterputzlappen – und du genug Geld hast (entweder sowieso oder weil du dir den neuen Hilfiger-Pulli sparst), dann greif zum Hörer und ruf bei einem Reinigungsdienst an und laß deine Fenster putzen. Sofort!
- *3. Ignoriere es!*

  Wir wollen nicht alle wie die Meister Proper-Mutti aus dem Fernseher leben. Möglicherweise liebst du das Halbdunkel. Vielleicht sind dir schmutzige Fenster egal – auch wenn ein inneres Stimmchen dir im Tonfall deiner Mutter zuflüstert: Wie sieht das nur aus, was sollen denn die Nachbarn denken? Ignoriere die Stimme, ignoriere den Schmutz und leb glücklich bis ans Ende deiner Tage. Wenn du einmal bewußt entschieden hast, daß du so leben willst, kehren Friede und Freude in dein Herz ein.

  Außerdem wird es dir der Tierschutzbund danken: Nie wieder flattert ein Spatz gegen deine Scheibe und bricht sich das Genick, weil er das Glas nicht sehen konnte...

Repariere es

Gibt es bei dir in der Wohnung etwas, das repariert werden muß? Repariere es sofort, laß es reparieren oder wirf es weg. Reparaturbedürftige Dinge sind wahre Energieschlucker. Für alles, was du besitzt, übernimmst du die Verantwortung – du nimmst es unter deinen „energetischen Schutzmantel". Und wenn du dich ständig davor drückst, deiner Sorgfaltspflicht nachzukommen, läßt deine Energie jedes Mal etwas nach, wenn du diesen Gegenstand siehst.

Ich schätze alles, was ich besitze, und sorge gut für meine Besitztümer. In meiner Nähe kann sich alles und jede/r wohlfühlen.

Ich besinge eine Göttin, die unter den Göttinnen
besonders ehrfurchtgebietend ist,
ich rühme die Herrin der Menschen.
Bei ihr ist Rat zu finden,
die Geschicke aller Menschen faßt sie in ihrer Hand.
Wo sie hinsieht, blüht Heiterkeit auf,
Lebenskraft, Pracht und Liebe zwischen Mann und Frau.
Sie liebt Gesänge ihr zu Ehren und fröhliche Kulte.
Kraftvoll, hoch erhaben und für alle sichtbar sind ihre
Beschlüsse.
Ihrem Geheiß sind die vier Weltufer unterworfen.
Das, was ihr Herz sich wünscht, das Lied von ihrer Fülle
will ich ihr singen. Ich jauchze über sie.
Ischtar, schenke deiner Dienerin, die dich liebt,
langes, dauerndes Leben!

(Altbabylonische Lobpreisung)

8
Wie Frauen Zeitzauber wirken können
und sich alle Zeit der Welt herbeizaubern

*Jeden Morgen beim Aufwachen haben wir
vierundzwanzig brandneue Stunden zu leben.
Ein köstliches Geschenk! Wir sind imstande,
auf eine Art und Weise zu leben,
die uns und den anderen Frieden,
Freude und Glück bringen kann.*
Tchich Nhat Hanh

„Keine Zeit" zu haben ist zweifelsohne die mit Abstand beliebteste Ausrede unserer Tage. Viele von uns haben – objektiv gesehen – tatsächlich keine Zeit. So scheint es wenigstens. Dabei läßt sich die Zeit – die es ja eigentlich gar nicht gibt – mühelos herbeizaubern...

*Der Mensch ist ein Lebewesen, das die Zeit totschlägt,
bis sie sich revanchiert.*
Anonyma

1. Von Aufschieberinnen, Verdrängerinnen und anderen Zeitdiebinnen

Die Zeit ist eine Illusion, sie existiert gar nicht! Die Zeit ist allenfalls eine Energiedimension. Warum sitzt sie dann so vielen von uns im Nacken?

Wenn dir die Zeit Probleme bereitet, siehst du sie bestimmt viel zu verbissen. Du hast ständig das Gefühl, die

Zeit hält dich mit eiserner Faust umklammert und peitscht dich an? Möglicherweise bist du nicht organisiert genug. Du hast ständig das Gefühl, die Zeit verrinnt zähflüssig wie Melasse und nichts bewegt sich? In deinem Leben fehlt der Kick (früher hieß es: die Begeisterung).

In beiden Fällen lautet die Fern-Diagnose von Nachtschwester Tatjana: Du nimmst die Zeit zu ernst. Geh spielerischer mit ihr um. Das Leben ist ein fröhlicher Ausflug in die Welt der Materie, kein bierernstes Trauerspiel mit griechischem Chor im Hintergrund.

Du kannst durchaus auch mit Leichtigkeit leben.

„Leichtigkeit ist nicht dasselbe wie Oberflächlichkeit. Leichtigkeit bedeutet, so vollständig lebendig zu sein, daß man das, was man erlebt, wirklich erlebt, während es geschieht, so daß es nicht nötig ist, daran festzuhalten, wenn es vorbei ist. Ganz lebendig sein, ganz da sein, den Augenblick auskosten, im Körper präsent sein anstatt in Gedanken versunken, atmen – viel tiefer atmen! –, das ist das Geheimnis der Leichtigkeit“, sagt Safi Nidiaye.(10)

Ich fange jeden Tag neu an.

Die Zeit tut hierbei nichts zur Sache.
Molière

KRAFTRITUALE FÜR EINEN LOCKER-LEICHTEN UMGANG MIT DER ZEIT

Den Zeitdieb „Alter“ schlagen
Nicht das Alter raubt dir Zeit, sondern deine Einstellung zum Alter. Wenn du denkst, du müßtest dich deinem Alter

gemäß verhalten (kleiden, reden etc.), dann vergreist du vorzeitig. Das ist doch dumm. Wenn du dich einfach so verhältst, wie es aus dir heraussprudelt, dann drehst du deine biologische Uhr zurück – ganz ohne Anti-Ageing-Hormone. Was du zu sein denkst, färbt deine Ausstrahlung.

Denke jung. Achte darauf, daß auch Jüngere zu deinem FreundInnenkreis gehören. Hör auch mal angesagte Musik im Radio. Geh in eine Szenekneipe. Probier eine Trendsportart aus. Einsargen lassen kannst du dich später immer noch.

Sei leidenschaftlich

Du glaubst, keine Leidenschaft im Leben zu haben? Bei welcher Aktivität scheint dir die Zeit wie im Flug zu vergehen? Was kannst du stundenlang tun, ohne erschöpft zu werden, und bist hinterher richtig „satt und glücklich"? Selbstgeerntetes einmachen? Modelleisenbahnen bauen? Kampfanzüge für Barbie-Puppen schneidern? Bergwandern?

Leidenschaft ist ansteckend. Umgib dich mit Menschen, die in das Leben eintauchen. Ihre Begeisterung wird in dir ebenfalls ein Feuer entfachen, und du wirst feststellen, bei welchen Tätigkeiten du dich wirklich lebendig fühlst.

Umgib dich ja nicht mit Menschen, die bei kühnen Plänen „Wie soll das denn gehen?" sagen, sondern mit Menschen, die sagen: „Ja, warum nicht?" Diese Einstellung ist ansteckend und füllt dich mit einer Energie, die dich dazu bringt, Schritt für Schritt das Unmögliche zu wagen. Oder wie Emily Dickinson sagt: „I dwell in possibility."

Wir brauchen eine Leidenschaft im Leben.
George Sand

2. Die chinesischen Teller – alles eine Frage der Organisation

Zeit existiert nicht, habe ich geschrieben, und du hast verächtlich gelacht. Gib's ruhig zu. Du spürst doch, wie dich die Zeit gnadenlos umkrallt. Du hetzt von einem Termin zum nächsten, abends hast du nie das Gefühl, alles erledigt zu haben. Die Zeit rennt dir davon, zerrinnt dir zwischen den Fingern.

Louise Hay hat einmal geschrieben: „Meine Zeit dehnt sich aus, wenn ich mehr davon brauche. Die Zeit ist meine Dienerin, und ich nutze sie weise."

Sie hat das gar nicht esoterisch gemeint. Es ist ein ganz praktischer Erfahrungswert. Atme ruhig durch und mach dir bewußt, daß du wirklich und wahrhaftig alle Zeit der Welt hast! Und dann mach dich gelassen und heiter an deine Arbeit. Du wirst sehen: Die Zeit dehnt sich für dich.

> Ich habe immer genug Zeit für das,
> was ich erledigen muß.

Und dann gibt es noch die Angst, die Zeit könnte dir davonlaufen. Sie sieht dich kommen und – schwupps! – ist sie weg. Alte Jungfern mit Torschlußpanik sind hierfür das klassische Beispiel. Du kannst das Universum aber nicht auf einen bestimmten Zeitpunkt festlegen, göttliches Bewußtsein funktioniert nicht innerhalb irdischer Zeitbegrenzungen. Wenn du dir für deine Wünsche ein rigides Zeitlimit setzt, rufst du nur Anspannung und Zweifel hervor – also genau die Gefühle, die jeder Wunscherfüllung vehement im Wege stehen. Bleib heiter und unbekümmert: Was zu dir will, findet dich auch. Und zwar rechtzeitig!

Oder hast du das Gefühl, die Zeit habe sich schon aus dem Staub gemacht, deine besten Jahre seien vorüber, du hättest deine Chancen verpaßt und nun sei alles vorbei?

Pustekuchen! Eine berühmte schamanische Erkenntnis lautet: Jetzt ist der Augenblick der Kraft – du kannst aus der Gegenwart heraus Vergangenheit und Zukunft ändern! Was einmal war, ist jetzt nicht mehr. Fang in dieser Sekunde neu an. Träume deinen Traum. Was sein wird, liegt in deinen Träumen.

So oder so: Alles ist möglich. Es liegt einzig an dir und daran, ob du den Mumm hast, jeden Tag neu anzufangen und neu zu träumen.

Es gibt keinen Widerstand gegen deine Sehnsucht. Vermeide also jede Gewaltanstrengung, sie ist unnütz. Okay, deine Vernunft, dein logisches Denken mögen sich gegen diesen Gedanken auflehnen, aber das sollte dich nicht weiter kratzen. Bewahr dir eine Art kindlichen, wunderwirkenden Glauben. Die Aborigines sagen: Du träumst dein Leben nur. Also folge deiner Sehnsucht und träume das Leben, das dich so mit Wonne erfüllt, daß du vor Glück glucksen möchtest!

KRAFTRITUALE FÜR DAS JONGLIEREN MIT DER ZEIT

Just do it

Die Kraft kommt beim Tun – also tu es. Die Schauspielerin Katja Danowski sagte einmal auf die Frage einer Journalistin, wie sie gleichzeitig am Stuttgarter Staatstheater *Hannibal* und *Baumeister Solness* proben und für die Rolle der schönen Köchin in dem Film *Herr Lehmann* in Berlin vor der Kamera stehen könnte: „Während man soviel machen muß und will, ist man auf einer höheren Energiestufe und wird nicht so schnell müde. Nachher erst merkt man, was für eine Belastung das war." Recht hat die junge Frau. Kraft wächst uns aus unseren Aufgaben zu. Wir dürfen allerdings nicht dem Irrglauben verfallen, ein Perpetuum mobile zu sein. Irgendwann ist Schluß mit lustig, und wir müssen unseren Akku aufladen.

Sei überzeugt, daß du für das, was du tun mußt, immer genug Kraft hast, dann wird sich alles finden.

Wenn die Tage länger werden,
wachsen auch die Kräfte, sie zu füllen.
Waltraud Puzicha

Listlinge

Ich bin eine leidenschaftliche Listenschreiberin. Für alles gibt es bei mir Checklisten zum Abhaken, To-Do-Listen zum Ausstreichen, Einkaufslisten, Namenslisten – die Liste meiner Listen ist endlos.

Aber dadurch bin ich auch extrem gut organisiert. Ich vergesse keine Geburtstage. Dank meiner Prioritätenlisten kann ich nachts gut schlafen, denn ich weiß, das Wichtigste wird immer sofort erledigt, und was liegen bleibt, kann auch ruhig liegen bleiben. Daher mein Rat: Werde Listling und lege Listen an.

3. Den Zeithorizont erweitern

Sieh dich als Perle in einer unendlichen Reihe von Perlen. Such dir eine Ecke in deinem Haus, die du zur Ahnengalerie umwandeln kannst. Häng Fotos deiner AhnInnen auf: Urgroßtante Minna, Omas und Opas, Eltern, Cousinen. Du wirst schnell erkennen, daß du ein Faden in einem gewaltigen Geflecht bist. Ich habe in meine persönliche Ahninnengalerie auch Fotos von Frauen integriert, die mich inspirieren: von Agatha Christie, die mit ihrem vierzehn Jahre jüngeren zweiten Ehemann noch erfolgreich Altertumsforschung betrieb, bis zu Emilie du Chatelêt, einer lebenslustigen Wissenschaftlerin, Übersetzerin, Mutter und Geliebten.

Kraftrituale für das Erweitern des Zeithorizonts

Geschichte studieren

Du mußt nicht an der Uni Geschichte studieren; es reicht, ab und an ein Buch zu lesen. Das ist nicht zwangsläufig eine staubtrockene Sache – es gibt fantastische Bücher, die dir Geschichte und Geschichten alter Zeit nahebringen. Dadurch bekommst du ein Gefühl für die Wurzeln, aus denen auch du und deine Zeit stammen. Und wenn du schon dabei bist, lies auch Science Fiction-Literatur und öffne dir den Blick dafür, wie die Zukunft aussehen könnte.

Flow – Eins werden

Mihaly Csikszentmihalyi hat den Begriff des „Flow“ geprägt – damit meint er das völlige Aufgehen im Tun. Alles Zeitgefühl fällt von dir ab. Schachspieler, Chirurgen, Marathonläufer erleben es – du kannst es auch. Du gehst völlig in deinem Tun auf, bis du irgendwann merkst: He, es sind ja sechs Stunden vergangen! Durch „Flow“-Erlebnisse spürst du dein Leben intensiver und gewinnst eine unglaubliche Lebensfreude (auch wenn du hinterher erst mal völlig erschlagen bist). Willst du also Lebenszeit gewinnen, so such dir eine Beschäftigung, mit der du völlig eins werden kannst. Wenn das in deinem Beruf nicht geht, muß es ein Hobby sein.

Dreh die Uhr zurück

Je älter wir werden, desto schneller verstreicht die Zeit. Früher hielt ich das für ein Gerücht, jetzt erlebe ich es am eigenen Leib. Du kannst die verlorenen Jahre jedoch zurückgewinnen, dir das Gefühl verschaffen, daß Zeit eine Illusion ist: Werd wieder Kind und benimm dich kindisch!

Laß im Herbst einen Drachen steigen, spring im Frühling in vollem Lauf in eine Pfütze, puste Seifenblasen vom Balkon, bau im Winter einen Schneemann, klettere auf einen Baum, steck dir im Sommer eine Blume ins Haar, setz beim Autofahren eine rote Clownsnase auf. Kommt dir das albern vor? Stimmt, es ist albern! Aber wenn dich das stört, bist du noch verknöcherter, als du dachtest. Tu sofort etwas Albernes, damit die Jahre von dir abfliegen. Und sch... auf die Meinung der anderen!

> Ich erwarte jeden Tag das Erlebnis wunderbarer Dinge. Es kann gar nicht genug Tage in meinem Leben geben. Ich werde voller Freude älter.

Seit Jahrhunderten, ja seit Jahrtausenden wird Ischtar nicht mehr verehrt, pflegt niemand mehr ihren Kult. Sie ist nur noch ein Name in den Geschichtsbüchern.

Aber sie ist auch eine lebendige Energie, die nicht verloren ging. Würden wir Menschen von heute auf morgen vergessen, wie man Feuer macht, hieße das ja auch nicht, daß es das Feuer nicht mehr gibt. Sobald ein neugieriges Menschenkind mit zwei Hölzern zündelte, würde die Flamme wieder emporzüngeln.

So ist es auch mit der Energie, die unsere AhnInnen Ischtar nannten. Sie mag schlummern, aber sie ist immer noch da. Wenn du ihren Namen nennst, wenn du alte Lobpreisungen wiederholst und neue schaffst, wenn du dich auf das Abenteuer „Ischtar!" einläßt, wird sie erwachen, und du wirst eins mit ihrer Kraft.

Gewaltig bist du, eine Fürstin.
Erstgeborene der Zeit, Erste der Himmlischen.
Dein Name ist erhaben.
Du bist die Leuchte des Himmels und der Erde.
Du verfügst über alle Kulte.
Herrin, überwältigend ist deine Größe,
über alle Götter erhaben.

(Altbabylonischer Text)

9
Wie jede ihr unerschöpfliches Kraftpotential anzapfen kann

und warum Spiritualität und Religion dabei helfen

Alles wahre Leben ist Bewegung.
Martin Buber

Einige von uns versuchen, eine weibliche Art des Glaubens in die christlichen Kirchen einzubringen, andere suchen ihren Seelenfrieden in den Religionen fremder Völker, beispielsweise im Buddhismus, wieder andere ertasten sich neue Wege oder legen alte, verschüttete Wege des Glaubens frei. Was immer dich ruft, es wird dir Kraft geben – folge dem Weg.

1. Werde Traumweberin: die Welt verändern durch deine Träume

Wenn die Materie mächtig ist,
so ist der Gedanke allmächtig.
Selvarajan Yesudian

Die Spinne webt ihr Netz. Der Spinnfaden ist unendlich fein und doch im Vergleich um ein Vielfaches stärker als Stahl. So muß unser Umgang mit der Kraft sein: zart gewoben, unbekümmert und heiter. Die unendliche Kraft des Universums läßt sich nicht verbissen bewältigen, wie man einen Ozeanriesen ja auch nicht mit Kraft voranschiebt, sondern quasi mit dem kleinen Finger.

KRAFTRITUALE FÜR REALITÄTSVERÄNDERNDES TRÄUMEN

Lebendiges Kerzenfeuer
Zünde eine Kerze an. Dann bist du in guter Gesellschaft! Die Flamme lebt.

Konjunktivzauber
Nimm ein Blatt Papier und einen Stift und beantworte schriftlich folgende Fragen:

Wenn ich nicht zu alt (zu jung) wäre, würde ich...
Wenn ich mehr Zeit hätte, würde ich...
Wenn ich genügend Geld hätte, würde ich...

Wie sehen deine Antworten aus? Würdest du Fallschirmspringen lernen, einen Origami-Kurs belegen, nach Thailand reisen? Wenn es schriftlich vor dir steht, siehst du hoffentlich selbst, wie banal deine Ausreden sind, es nicht zu tun. Du kannst auch mit siebzig noch Fallschirmspringen – notfalls im Tandem. Ruf bei einem Fallschirmspringerclub in deiner Nähe an und erkundige dich. Kauf dir ein Buch über Origami. Geh in die Stadtbibliothek und lies alles über Thailand. Klappere dann die Reisebüros in deiner Nähe ab und erkläre ihnen deinen Wunsch. Irgendwann wirst du auf ein finanzierbares Angebot stoßen.

Begrabene Träume ausbuddeln
Möglicherweise bist du quasi deine eigene Schnapsfabrik: Tief in dir gärt etwas – und wenn es zu lange gärt, kann es dir Kraft entziehen und diese Kraft irgendwann zur Explosion bringen.

Ich spreche von Träumen, die du – irgendwelchen Zwängen gehorchend – vor langer Zeit begraben hast.

Wolltest du mal Opernsängerin werden? Jetzt, mit fast fünfzig, bist du natürlich zu alt dafür... denkst du. Hattest du einst den Wunsch, einen noch unerforschten Winkel der Welt zu erobern und vielleicht einem Berg oder einer Schmetterlingsart deinen Namen zu geben? Aber dann kamen ja die Kinder, und ihr mußtet das Haus abzahlen.

Vielleicht erinnerst du dich gar nicht mehr an deine Träume, weil du sie zu gut begraben hast. Nimm eine Schaufel und mach dich an die Arbeit:

Nenn drei Hobbys, die so klingen, als wären sie lustig.

Oder such drei VHS-Kurse aus dem Programm aus, die irgendwie Spaß zu machen versprechen.

Oder zähl drei Albernheiten auf, die du gern ausprobieren würdest.

Bei mir kam heraus, daß ich gern Yoga machen würde (hatte ich vor Jahren ausprobiert, aber dann... na, wie der Alltag halt so spielt). Und kaum hatte ich diese Erkenntnis, fragte mich eine gute Freundin, ob ich nicht Lust hätte, sie auf einen Yogaschnupperkurs zu begleiten. Synchronizität! So was werte ich immer als deutliches Eingreifen der Schicksalsgöttinnen. Folglich bin ich mit ihr mit. Und jetzt turne ich seit gut zwei Jahren auf meiner lila Yogamatte herum. Ich mache zwar verrenkungstechnisch noch keine Fortschritte, aber ich fühle mich hervorragend. Mittlerweile übe ich zweimal die Woche unter Anleitung und sogar hin und wieder daheim allein.

Wollen
Wirken
Werden

2. Werde Trommlerin: Mut zum Glauben

Jede Seele ist ihrem Wesen und Vermögen nach göttlich. Das Ziel ist die Offenbarung dieses innewohnenden Göttlichen. Erreiche dies entweder durch Arbeit oder durch Andacht oder durch Kontrolle der seelischen Vorgänge oder durch Philosophie, durch eines oder einige oder alle – und sei frei. Das ist das Ganze der Religion. Lehrsätze oder Dogmen oder Riten oder Tempel oder Bräuche sind nur nebensächliches Beiwerk.

Swami Vivekananda

Wenn die Kraft geht, kommt die Angst. Gegen die Angst hilft nur eines: dagegen antrommeln!

Wir können der Angst nicht entkommen. Wir können sie lediglich zu einer Begleiterin machen, die bei allen aufregenden Abenteuern mit dabei ist. Gemäß der Weisheit: „Unser einziges Nest sind unsere Flügel." Sicherheit gibt es nicht. Dauerhafte Sicherheit ist sowieso eine Illusion. Aber du kannst dich jederzeit geborgen fühlen, im Wissen um deine Flügel. Du bist frei, dorthin zu fliegen, wo es dir gut geht.

Pflege deine Gelassenheit: ein unbekümmertes, leichtes Herz, das – würde die altägyptische Göttin Maat es mit einer Feder aufwiegen – leichter wäre als die Feder.

Es wäre doch möglich, das Leben als einen heiteren Schreittanz zu betrachten.

Anonyma

Wenn du kraftlos bist und dich existentielle Urängste fest umklammert halten, dann werde zu einer lebenden Trommel – zu einem „Trotzdem!" auf zwei Beinen. Lebe vertrauensvoll weiter, denn das Urprinzip, demzufolge du versorgt bist und immer in ein weiches Netz fällst, gilt auch dann, wenn du es in deiner Kraftlosigkeit nicht sehen kannst. Du mußt darauf vertrauen, daß es da ist, und dich fallen lassen.

Wenn du ein Gespenst siehst und davor wegläufst,
verfolgt es dich.
Wenn du aber darauf zugehst, verschwindet es.
Irische Weisheit

Man muß das, wovor man Angst hat, einfach tun!
Eleanor Roosevelt

KRAFTRITUALE FÜR LAUTES TROMMELN

Trommle
Kauf dir eine Trommel und trommle. In allen alten Kulturen ist die Trommel das Kultinstrument schlechthin. Weil du dich damit so schön in Trance trommeln kannst. Schon der Akt des Trommelns beschert dir Kraft. Aber auch angenervte NachbarInnen. Solltest du zur Miete in einem Mehrfamilienhaus wohnen, dann trommle im Keller oder in der freien Wildbahn.

Entdecke den Sinn deines Lebens
Entdecke deine Berufung. Das ist nichts abgehoben Ätherisches, unfaßbar für uns schnöde Menschen, sondern der Grund für dein Hiersein.

Du mußt nicht gläubig im herkömmlichen Sinn sein, um zu wissen, daß jedes Wesen auf diesem Planeten einen bestimmten Daseinsgrund hat. Die Lebensaufgabe wählt sich den Menschen. Du entscheidest das nicht selbst, sondern folgst dieser Stimme in deinem Innern. Bei manchen ist die Stimme laut: Es zieht sie an den Konzertflügel oder zu den AIDS-Kranken nach Afrika oder zu allem, was irgendwie mit Zahlen und Nummern zu tun hat, und sie werden begeistert Buchhalterin. Folge dem, was dich zu sich zieht!

In Momenten großer Kraftlosigkeit zieht eine aber meist nichts. Deswegen ist sie ja kraftlos. Also setz dich hin und schreib ein paar Minuten lang auf, wie dein ideales Leben aussähe. Denk dabei nicht an die Vorgabe der Zeitgeistmagazine, deiner Eltern oder der Gesellschaft, sondern bleib dir selber treu. Das ist dein Ziel – und nun mach dich auf den Weg.

Alle Reisen haben eine heimliche Bestimmung,
die der Reisende nicht ahnt.
Martin Buber

Die Kraft der Natur

Wo unsere eigene Kraft versagt, hilft die Heilkraft der Natur. Zapf sie vertrauensvoll an.

- Geh am Wochenende im Grünen wandern. Nimm belegte Brote und eine Thermosflasche mit und lauf durch die Landschaft. Meide die Menschen. Werde eins mit der Natur. Leg an einem Bachlauf oder auf einer Lichtung eine Pause ein und meditiere oder schließ einfach die Augen und atme.
- Heule bei Vollmond wie eine echte Wolfsfrau den Mond an.
- Verbring deinen Urlaub zur Abwechslung nicht in einem Museum oder auf einer Shoppingmeile oder in einem hermetisch abgeschotteten Feriendorf, sondern mach eine Kanufahrt im Bayrischen (wahlweise eine

Wildwasserfahrt durch den Grand Canyon), wandere durch das Erzgebirge (wahlweise eine Trekkingtour durch Nepal), bau eine Sandburg auf Sylt oder Rügen oder Bali. Laß dich von der Natur herausfordern und finde so zu deiner Kraft zurück.

- Mach jeden Tag einen Spaziergang durchs Grüne (Stadtpark giltet auch).
- Leg dir ein Haustier zu. (Die wunderbarste Art, mit der Natur in Kontakt zu treten – aber bedenk die Verantwortung, die du für dieses Lebewesen übernimmst!)

3. Hüte, was dir heilig ist

In unserer Hochglanz-Hochleistungswelt sind alle Gesellschafts-Ikonen voller Kraft und Power. Schlank, schön, erfolgreich – daß diese Leute auch demenzkranke Eltern haben oder eine Schwester, die unter Depressionen leidet, oder einen nässenden, juckenden Ausschlag im Genitalbereich, lesen wir nirgends. Sie sind immer strahlend und kraftvoll. Nirgendwo in all diesem Power-Gerede findet sich das Eingeständnis, daß wir manchmal auch einen Mangel an Power verspüren oder eine „Power“ finden müssen, die größer ist als wir selbst. Dabei ist die Kraft – wie das Leben selbst – zyklisch.

Organisierte Religion ist nichts für mich, kann aber für dich zu einem Heimathafen werden, sei es in einer Kirche, einem Tempel oder einem Coven.

Allerdings kannst du die Wahrheit niemals fix und fertig übernehmen – du mußt sie selbst entdecken, auf deinem eigenen Weg, den keine andere für dich gehen, den dir niemand ersparen kann. Wenn du den Rückhalt einer großen Gemeinschaft brauchst, dann such die Religion, bei der es die meisten Überlappungen mit deinem ureigensten Glauben gibt. Aber rechne damit, daß du in Teilen immer auch deine individuellen Überzeugungen haben wirst. Und die sind genauso wahr wie die aller anderen!

KRAFTRITUALE FÜR DAS HÜTEN DES HEILIGEN

Alles Wunderbare dieser Welt

Schreib 99 Dinge auf, die du an dieser Welt liebst. Jawohl: neunundneunzig. Keins weniger, keins mehr. Vom Sonnenaufgang über Kreta bis zum Geschmack der Milchsuppe deiner Großmutter, von der zarten Berührung von Cordsamt auf deiner Haut bis zum Grübchenlächeln deiner kleinen Tochter. Wenn du damit fertig bist, werden zwei Dinge völlig klar sein: Erstens, die Welt ist wunderschön. Und zweitens wird dir die Hand weh tun.

Errichte einen Altar

Eine Wohnung ohne einen Hausaltar? Ein Unding! Ein Altar ist ein Ort, an dem du das verehren kannst, was dir heilig und kostbar ist, was dir Kraft gibt. Das muß kein überdimensionales Teil sein – außer du wohnst in einer Kathedrale –, und es muß auch nicht sofort als Altar erkennbar sein.

Auf meinem stehen Fotos (von Frauen, die mich inspirieren), eine Voodoopuppe, mein Grimoire (das Buch der Schatten, das jede Hexe haben sollte, siehe S. 135), eine Rassel und natürlich mein Hexenkessel (mit Runen, Tarotkarten, Glückssteinen et cetera). Hier meditiere ich, hier trete ich mit meiner Spiritualität in Kontakt, hier zelebriere ich meine Auszeit, hier gewinne ich Kraft.

Deine weibliche Mythologie
Spiritualität, Religiosität, Glaube – diese Dinge geben uns Kraft. Aber es sind an sich nur leere Begriffe, die du für dich mit Leben erfüllen mußt. Lies „heilige" Bücher, beschäftige dich mit den Göttinnen alter Kulturen, sprich mit anderen Menschen über ihre innersten Überzeugungen (respektvoll und anerkennend, versteht sich) – finde *deinen* Weg.

Kraftorte
Unsere AhnInnen waren der Überzeugung, daß alles beseelt ist: Kreuzwege, Quellen, krumm gewachsene Bäume, Haine, merkwürdige Felsformationen, die Mülltonnenecke in eurem Hinterhof – wirklich alles. Für sie waren diese Orte Tore zu einer anderen Welt, zu transzendenten Erfahrungen und spirituellen Erkenntnissen. Diesen heiligen Orten näherten sie sich meist nur nach ritueller Reinigung und grundsätzlich immer mit einer gehörigen Portion Respekt.

Kennst du „deinen" Kraftort? Dein Kraftort zieht dich magisch an. Folge deinem Instinkt. Es kann eine Bank unter einem Baum sein (den du vielleicht nicht einmal zuordnen kannst – irgendwas mit grünen Blättern) oder eine Stätte deiner Kindheit. Dort, wo du ein – vielleicht unerklärliches – Wohlgefühl verspürst, allein schon, wenn du dich dort aufhältst, dort ist dein ureigenster Ort der Kraft. Besuche ihn so oft als möglich.

Wenn du einen Kraftort findest, zu dem du irgendwann zurückkommen möchtest, dann laß etwas von dir da (eine Haarlocke, ein Stück Fingernagel, drei Tropfen Spucke) – das knüpft unsichtbare Fäden, die dich eines Tages herbeiziehen.

Bete

Ein ordentliches Gebet stellt als Kraftquelle jeden Powerriegel in den Schatten. Wenn du richtig betest, bringst du dich in Einklang mit der reinsten Energie. Jeder Gedanke, jedes Gefühl, jedes Wort ist Energie, die du bewußt oder unbewußt aussendest. Und Energien bewirken immer etwas, führen unweigerlich zu Veränderung.

Wie du betest – ob mit Rosenkranz oder Mala, auf Knien oder lässig im Lieblingssessel, ob du ein „Mutterunser" sprichst oder still wirst –, darauf kommt es unterm Strich nicht an. Wichtig ist nur, daß du dich auf die „richtige" Energie einstimmst. Und wenn es um mehr Kraft geht, bist du nirgends besser aufgehoben als unter den Schleiern der Ischtar.

Erwarte, daß jedes deiner Bedürfnisse erfüllt wird,
erwarte die Antwort auf jedes deiner Probleme,
erwarte Überfluß auf jeder Ebene,
erwarte, spirituell zu wachsen.
Eileen Caddy

Krafträuber? Was'n das?

Alles, was uns Kraft raubt natürlich, aber jetzt mal konkreter: „FreundInnen“, die dauernd rumjammern; deine eigenen Gedanken an das Leid in der Welt; schlechte Angewohnheiten – all das sind Krafträuber. Sie zapfen dir die Energie ab, saugen sie aus dir heraus wie ein gieriger Vampir.

Letzthin hatte ich mit meiner Kollegin Bea einen interessanten Mailaustausch. Es ging um die „Bestellungen beim Universum“ und Dieter Bohlen. Sie fand Bärbel Mohrs Buch ärgerlich („als ob es so einfach wäre: Bestellen, und zack! wird der Wunsch erfüllt. Man muß doch auch was für die Erfüllung seiner Wünsche tun!“), und ich gerate bei Dumpfbacke Bohlen gern auf Hundertachtzig („Wieso wird alles, was dieser Hohlkopf anfaßt, zu Gold? Sind die Schicksalsgöttinnen etwa auch auf diesen Blondling reingefallen?“)

Ob es Bea wurmt, daß das Glück so „einfach“ sein kann wie eine Bestellung? Vielleicht. Ob ich neidisch bin auf Bohlens Erfolge? Bestimmt.

Die Sache ist die: Du bist nicht für die Welt verantwortlich, nur für dich selbst. Ob einer, den du für einen Schwachkopf hältst, irrsinnige Erfolge feiert, kann dir egal sein. Freu dich, daß solche Erfolge überhaupt möglich sind. Das öffnet doch auch für dich wieder ein Fenster für das, was möglich sein kann – auch in deinem Leben! Und wenn für andere etwas „ganz einfach“ ist, wofür du dich abrackern mußt, ist das auch okay. Es ist deren Leben, und du kannst weder in ihr Herz schauen noch wissen, welche Last sie zu tragen haben.

In dieser Diskussion kam auch das uralte Argument mit dem Leid in der Welt auf. Millionen hungern, sterben an Aids, leben in Diktaturen und so weiter. Stimmt irgendwie, aber irgendwie auch wieder nicht. Wenn du solche Gedanken öfter hegst, dann bestell die Tageszeitung ab und höre im Radio keine Nachrichten mehr. Denn dieses Argument bewirkt nur eins: Es deprimiert dich und raubt dir die Kraft, gegen die Ungerechtigkeiten anzugehen, denen du persönlich begegnest.

„Millionen leidender Menschen" sind nicht real, der obdachlose Penner vor deiner Tür schon. Wetten, es ärgert dich, daß er regelmäßig an deinen Briefkasten pißt? Dann engagiere dich für eine bessere Obdachlosenbetreuung in deiner Gemeinde. Wenn du im Afrikaurlaub miterlebt hast, in welcher Armut die Menschen im Dorf XY leben, dann gründe einen Verein, der Gelder zum Bau eines Brunnens für dieses Dorf sammelt. Ich habe zwei Patenkinder in Afrika, beides Mädchen, die durch meine Spenden eine Berufsausbildung machen konnten und jetzt eine gesicherte Existenz haben. Durch sie kam ich mit dem Thema Genitalverstümmelung bei Frauen in Kontakt, und jetzt engagiere ich mich dafür – in kleinem Rahmen, wie es eben geht. Damit habe ich Afrika und seinen Millionen Menschen nicht dauerhaft geholfen, aber immerhin zwei jungen Frauen und vielleicht sogar einer Handvoll mehr.

Und wer weiß, vielleicht bist du zu Größerem berufen. Vielleicht wird aus kleinen Ansätzen bei dir eine Lawine, und du entwickelst dich zur Galionsfigur einer Bewegung, die zur Entschuldung der Dritten Welt beiträgt. Das passiert aber nicht, indem du mit der Tofuwürstchensemmel in der Rechten und einer Tasse Kräutertee in der Linken Tagesschau guckst und über das Nord-Süd-Gefälle den Kopf schüttelst.

Krafträubern aller Art begegnest du – auch in deinen kraftlosesten Momenten – durch aktives Tun. In kleinen Schritten.

KRAFTRITUALE GEGEN KRAFTRÄUBER

Mit Voodoo gegen Krafträuber

Auf Seite 67 in meinem letzten Werk, dem *Buch der Fülle*, habe ich im Abschnitt über Voodoo versprochen, daß wir im neuen Buch „Zombies beschwören" üben würden. Versprechen halten ist Ehrensache. Und zum anderen paßt es wunderbar hierher.

Laut Lexikon ist ein Zombie jemand, der im haitianischen Voodooglauben mittels Gift willenlos gemacht wurde. Laut Hollywood-Gruselstreifen sind Zombies Untote, die die Lebenden heimsuchen und sie möglichst qualvoll ins Totenreich befördern wollen.

Betrachte deine ureigensten Krafträuber – dauerjammernde Freundin, Nachrichtensendungen, Neidobjekte – als Zombies, die dich quälen und dich in ihre Unterwelt zerren wollen, die übrigens nicht schwarz ist, sondern grau in grau.

Einen Zombie eliminiert frau am schnellsten mit einem Püppchen. Achtung: Wir bilden nicht den Zombie nach, sondern sein Gegenteil!

Fertige eine kleine Puppe (aus Knetgummi, Stoffresten, Wolle, Papier), die das Gegenteil deines Zombies verkörpert: also nicht die Schwarzseherfreundin, sondern eine, die dich fröhlich stimmt (real oder aus der Fantasie), keinen Tagesschausprecher, sondern die Projektleiterin deines Vereins gegen den Hunger in der Welt, nicht die Überfliegerkollegin, sondern die Person, die dich beruflich am meisten inspiriert, die dir ein Vorbild ist.

Wann immer du von deinem Zombie heimgesucht wirst, greif zur Puppe und streck sie ihm entgegen. Die hypnotische Kraft, die der Zombie über dich hat, muß auf diese Weise weichen. (Und sei es nur, weil das Ganze so albern ist, daß du jedes Mal kichern mußt.)

Ich bin es, die mit den Winden wandert,
ich bin es, die in den Blättern rauscht,
ich schüttele die Bäume,
ich schüttele die Erde,
ich wühle allenthalben die Erde auf.

Ich bin bei dir,
Deine Gebete haben mich gerührt.
Ich, die Mutter des Weltenalls,
die Beherrscherin aller Elemente,
Ich bin bei dir.
Ich bin bei dir.

(Vor-sumerischer Text)

SOS-Tips bei akutem Kraftmangel

Wir sind durch unsere Umgebung in Schwäche hineinhypnotisiert, schreibt Swami Vivekananda. Enthypnotisiere dich! Wenn es in einem Zimmer dunkel ist, machst du Licht an. Wenn es keinen Strom gibt, nimmst du eine Kerze. Oder die Taschenlampe. Kurzum: Lieg nicht saftlos im Dunkeln herum, tu etwas!

Hier findest du alle schnell wirkenden Power-Kraftrituale aufgelistet, die dir helfen, wenn du einen kleinen Sofort-Schub brauchst – such dir das Ritual aus, das dich in diesem Augenblick am meisten anspricht. Dein Körper weiß schon, wo er Kraft zapfen kann.

Alles Wunderbare dieser Welt, 119

„Boar ey!“-Effekt, 50
Begrabene Träume ausbuddeln, 113
Besen verschlucken, 77
Bete, 121
Bilde dich weiter, 71
Biographierecherche, 33
Bring dich auf Trab, 70
Buddhabäuche, 89

Comic-Bilder, 39

Das Glück ist auf deiner Seite, 21
Decide to be happy, 21
Dein Buch der Schatten, 135
Deine weibliche Mythologie, 120
Die Kraft der Natur, 117
Dreh die Uhr zurück, 110
Duschgesänge, 41

Ein Tag im Bett, 77
Einmal im Monat, 54
Entdecke den Sinn deines Lebens, 116
Errichte einen Altar, 119

Familienerbstücke, 80
Finanzkontrolle, 87
Flexibilitätstraining, 56
Flow – Eins werden, 109
Fühle mit anderen mit, 71
Fußmeditationen, 77

Gerümpelzauber, 100
Geschichte studieren, 109
Glück allein, 62
Glückstagebuch, 25
Großzügigkeit praktizieren, 89

Heilender Humor, 68
Heimweglotto, 43
Herzhaft lachen, 38
Hestia-Ritual, 95
Hüte dich vor Krafträubern, 22

In der dritten Person, 99
Just do it, 107

Karten legen, 30
Klingelzeichen raten, 30
Komplimente allenthalben, 39
Konjunktivzauber, 113
Kraft-Mantra, 17
Kraftorte, 120
Kraftschöpfendes Bewegungsrelaxing, 78
Kraftzitate, 33

Lächle!, 26
Laß die Wut raus, 98
Lästige Finanzpflichten, 88
Lebendiges Kerzenfeuer, 113
Liebe sammeln, Liebe schenken, 60
Lieblingsdinge, 84
Listlinge, 108
Löse ein Kreuzworträtsel, 69
Luxuriöses Ich, 90

Mach das Bett, 96
Meditiere, 72
Musik hören, 41

Nach der Liebe, 61
Netzwerken, 56
Neugier, 54
Nie mehr Unlust bei der Arbeit, 52
Nimm dir Zeit für die Liebe, 69
Perspektivenwechsel, 34
Pfennig-Bespucken, 91
Pflanze einen Baum, 81
Plaudertaschentango, 43

Räume eine Schublade auf, 96
Raus aus der Opferhaltung, 76
Reich reden, 91
Repariere es, 101
Ritual-Findung, 72
Rote Glückssterne, 25
Ruf eine Freundin an, 69

Schlafratzenlob, 68
Sei leidenschaftlich, 105
Soundtrack deines
Lebens, 44
Speisekartenroulette, 43
Stolzgeschwellte Brüste, 85
Synchronizitätensuche, 31

To-Do-Listen, 34
Totenbücher lesen, 80
Träumedeuten, 30
Trendkrankheiten
adieu, 75
Trink stilles Wasser, 70
Trommelweiber, 41
Trommle, 116

Umdenken, 55
Unvollkommen sein, 39
Urlaub in der eigenen
Stadt, 88

Verreise! In Gedanken, 88
Verwöhntechniken, 75
VHS-Loblied, 44
Voodoo gegen Kraft-
räuber, 124
Vorsorge treffen, 80

Warum?!, 23
Werde leichter, 67
Werde Meisterin, 55

Zähle deine Schub-
laden, 137
Zeitdieb „Alter“
schlagen, 104

Gehe vertrauensvoll in die Richtung deiner Träume!
Führe das Leben, das du dir vorgestellt hast.
Henry David Thoreau

Der Dalai Lama rät, wenn wir uns von Hoffnungslosigkeit oder Niedergeschlagenheit wie gelähmt vorkommen, sollen wir jede Gelegenheit ergreifen, um unsere Situation zu verbessern. In infinitesimal kleinen Mikroschritten zu mehr Kraft – das wollte dieses Buch vermitteln. Ich hoffe, es wirkt bei dir. Laß es einfach zu – laß dich mit Kraft füllen, immer nur eine Minute nach der anderen.

Was wir brauchen, ist das Gefühl der Mühelosigkeit. Vergiß nicht, daß alles zyklisch ist: Du bist gerade in einer Phase der Regeneration; die Phase der vollen Power kommt wieder, wie der Morgen der Nacht folgt.

Das Leben ist ein Geschenk, das du dir gemacht hast. Koste es aus. Es gibt soviel, wofür du dankbar sein kannst. Und natürlich gibt es auch vieles, worauf du liebend gern verzichten würdest. Aber nimm es unbekümmert. Tu, was du tun kannst, in kleinen Schritten – und pflege dein Vertrauen in die göttliche Urkraft, die dich trägt, umsorgt und dir den Weg bereitet. Laß dich auf dem gewaltigen Strom des Lebens heiter treiben wie ein Blatt, das auf den Wogen tanzt.

Es gibt einen göttlichen Plan für mich und mein Leben. Ich lebe voller Vertrauen.

HELDENHAFTE ISCHTAR, LEUCHTENDE FACKEL VON HIMMEL UND ERDE,
STRAHLENDES LICHT ALLER KONTINENTE.
DU ÄNDERST DAS SCHICKSAL DER MENSCHEN,
AUS SCHLIMMEM GESCHICK WIRD STRAHLENDES GLÜCK.
ES STIMMT MICH SCHON FRÖHLICH, NUR ZU DIR ZU BETEN.
WIE WUNDERBAR, WENN DU MICH AUCH NOCH ERHÖRST.
SEI MIR WOHL GESONNEN, O ISCHTAR,
MEHRE MEIN GLÜCK!
LAß DEINEN BLICK WOHLWOLLEND AUF MIR RUHEN,
NIMM MEINE LOBPREISUNG AN!
ICH SUCHTE DEIN STRAHLEN, LAß AUCH MEIN ANTLITZ ERSTRAHLEN.
MEHRE MEINE TAGE, SCHENKE MIR DAS LEBEN!
LAß MICH LEBEN, LAß ES MIR WOHL ERGEHEN, LAß MICH DEINE GÖTTLICHKEIT VERKÜNDEN.
SCHENKE MIR, WONACH MEIN HERZ SICH SEHNT...

– oOo –

Entzünde eine Duftkerze oder ein Räucherstäbchen, hebe die Arme in der traditionellen Anbetung und sprich die Lobpreisung mit fester Stimme.

Wer hat gesagt, daß viele Zitate „den Anspruch auf Gelehrsamkeit erhöhen, aber die Originalität vermindern"? Ich darf mit Fug und Recht behaupten, mein Lebtag noch keinen originellen Gedanken gehabt zu haben, und das nicht nur, weil es nichts Neues unter der Sonne gibt. Dafür habe ich viele gute Bücher gelesen und daraus zitiert:

1. Luisa Francia: *Eine Göttin für jeden Tag* (München 1996). Eigentlich solltest du alle Bücher von Luisa Francia zu Hause haben.
2. Starhawk: *Die Kraft der Großen Göttin* (Freiburg 1999; keine ÜbersetzerInnennennung).
3. Annegret Stopczyk: *Nein danke, ich denke selber* (Berlin 2000) (siehe auch unter Buchempfehlungen).
4. Julia Cameron: *Wer sagt, daß Gott nicht gerne lacht? Die Leichtigkeit des Göttlichen im Alltag entdecken* (München 2002; übersetzt von Susanne Kahn-Ackermann). Und wenn du schon in der Buchhandlung bist, nimm auch Julia Camerons Buch *Der Weg des Künstlers – Ein spiritueller Pfad zur Aktivierung unserer Kreativität* mit (München 1996; übersetzt von Anne Follmann und Ute Weber).
5. Raymond A. Moody: *Lachen! Über die heilende Kraft des Humors* (Reinbek 1979; übersetzt von Gustav Kilpper). Noch augenöffnender ist R. A. Moodys Buch *Leben nach dem Tod* (Reinbek 1977; übersetzt von Herrmann Gieselbusch und Lieselotte Mietzner).
6. Nury Vittachi: *Der Fengshui-Detektiv* (Zürich 2003;

übersetzt von Ursula Ballin). Ein herrlicher Krimi um einen Fengshui-Meister, der in seiner Freizeit einem Grashalm (!) die gesammelten Sprüche östlicher Weisheit nahebringt. Überhaupt können Krimis spirituell sein, zum Beispiel die *Mma Ramotswe*-Krimis von Alexander McCall Smith, die sich um die erste Ladies Detective Agency in Botswana drehen. Oder der absolute spirituelle Krimiklassiker *The Man in the Brown Suit* von Agatha Christie (leider nur im Original, nicht in der stark verkürzten deutschen Übersetzung).

7. Rupert Sheldrake/Matthew Fox: *Die Seele ist ein Feld – Der Dialog zwischen Wissenschaft und Spiritualität* (Zürich o.J.; übersetzt von Michael Schmidt). Ein Mann, der vernetzt denken kann!
8. Miranda Shaw: *Frauen, Tantra und Buddhismus.* (Frankfurt/Main 1997; übersetzt von Thomas Geist und Heike Münnich). Eine wunderbare Einführung in den tantrischen Buddhismus aus weiblicher Sicht.
9. Lydia Potts (Hg.): *Aufbruch und Abenteuer. Frauen-Reisen um die Welt ab 1785* (Berlin 1988). Ich kann dir gar nicht genug ans Herz legen, öfter (Auto-)Biographien von Frauen zu lesen.
10. Safi Nidiaye: *Die Weisheit der inneren Stimme – Vertrauen Sie Ihrer Intuition* (München 2001). Wenn es um Intuition geht, lies unbedingt auch Laura Day.
11. Barbara Walker: *Das geheime Wissen der Frauen. Ein Lexikon* (Frankfurt/Main 1993; mehrere Übersetzerinnen). Ein unentbehrliches Nachschlagewerk!
12. Die mythologischen Texte über Ischtar (Inanna) findest du in Vera Zingsems *Der Himmel ist mein, die Erde ist mein – Göttinnen großer Kulturen im Wandel der Zeiten* (Tübingen 1995).

Einige der nachfolgenden Bücher sind nur noch antiquarisch zu erhalten. Mach dir die Mühe und besorge sie dir trotzdem. Freunde dich am besten mit einer Antiquarin an.

– oOo –

Alle Bücher von Annegret Stopczyk, vor allem aber *Nein danke, ich denke selber.* Berlin 2000. Ich durfte Annegret Stopczyk einmal bei einem zauberhaften Plausch im *Café Grand Planie* kennenlernen – eine fantastische Frau und eine fabelhafte Vor-Denkerin.

Die besten Tarot-Bücher stammen natürlich von Frauen: einmal *Hexentarot* von Luisa Francia (erschienen im Stechapfel Verlag, Zürich) und dann *Tarot – 78 Stufen der Weisheit* von Rachel Pollack (München 1985, übersetzt von Martin Störmer und Cornelia Labonté). Falls du die Gelegenheit hast, einen Tarot-Workshop bei Rachel zu belegen, dann zögere nicht – ich hab's getan und war beeindruckt: von ihrem Wissen und ihrem Humor.

Aha-Erlebnisse mit dem „vergessenen Sinn", der Intuition, liefert *PI – Praktische Intuition* von Laura Day (München 1998, übersetzt von Birgit Woldt. Ingeborg (alias Tom Wittgen, die Grande Dame des DDR-Krimis) hat es mir seinerzeit empfohlen, und ich habe vor lauter Begeisterung gleich alle Bücher von Laura Day gekauft, aber dieser erste Band gefällt mir am besten und zeitigt für EinsteigerInnen die nachhaltigsten Erfolgserlebnisse.

Zsuzsanna E. Budapest, *Die Göttin im Büro – Spirituelle Tips und magische Ideen für den Arbeitsplatz* (München 1994, übersetzt von Angelica Dawson. Ein herrlicher Begleiter für das Arbeitsleben und unentbehrlich für die moderne Hexe.

Als Traumdeutungsbuch schwöre ich auf *So deuten Sie Ihre Träume richtig* von Friedrich W. Doucet (Wien 1978). Doucet plaudert kenntnisreich über die Traumdeutung nach C.G. Jung – das kannst du diagonal lesen. Aber die Deutung der Archetypen im zweiten Teil des Buches ist wunderbar hilfreich.

Wenn es um das Ausmisten von Gerümpel geht, bleibt der Klassiker von Karen Kingston *Feng Shui gegen das Gerümpel des Alltags* unerreicht (Reinbek 2000; ohne ÜbersetzerInnennennung). Ich persönlich finde allerdings, daß Karen es im Kapitel „Darmsanierung“ ein klitzekleines bißchen übertreibt...

KRAFTRITUAL FÜR SINNVOLLES LESEN

Dein Buch der Schatten

Ein Grimoire, ein „Buch der Schatten“, gehörte früher zur Standardausrüstung jeder Profi-Hexe. Da wir heute nur noch selten von einer richtigen „weisen Frau“ persönlich ausgebildet werden, müssen Bücher unsere weisen Frauen werden. Wann immer du über einen Satz stolperst, der etwas in dir zum Klingen bringt, schreib ihn in deinen Grimoire. Auf diese Weise sammelst du im Lauf der Jahre ein profundes Wissen, einen unbezahlbaren Quell der Kraft in kraftlosen Zeiten. Mein Grimoire ist an die zwanzig Jahre alt und birgt mehr magische Geheimnisse, als ich mir je hätte träumen lassen. Und immer noch hungert er nach Wissen aus der verborgenen „Welt der Schatten“.

Am 20. Februar 1960, in den frühen Morgenstunden kurz vor der Dämmerung, kam ich auf die Welt geflutscht. Meine Mutter schwört Stein und Bein, die Wehen hätten erst nach Mitternacht eingesetzt. Ich war eben schon immer von der flotten Truppe. Und bis heute bin ich ein überzeugter Morgenmensch.

Schon meine Großmutter hat die Karten gelegt und – gerüchteweise – gern Nadeln in kleine Puppen gepiekst. Ebenso diverse Großtanten. So was prägt. Vor allem zart besaitete Fische-Geborene. Andererseits bin ich im Aszendenten Steinböckin und stampfe mit vier Beinen und dicken Hörnern durchs Leben.

Aufgewachsen bin ich in Schwäbisch Hall. Es heißt, ich sei der Klassenclown gewesen. Leugnen hilft da wohl nicht viel, die anderen sind in der Mehrheit. Meine clownesken Neigungen tobe ich heutzutage als Krimiautorin aus: Meine Heldin, ein rubeneskes Prachtweib, ermittelt als „Wuchtbrumme" in mittlerweile vier Büchern, stolpert von einer Leiche über die nächste und tritt auch gern mal mit Schuhgröße 41 in den einen oder anderen Fettnapf.

Die Krimis machen die Steinböckin in mir glücklich, aber die Fischefrau wollte auch mal was Gehaltvolles zu Papier bringen. So entstanden *Das Buch der Fülle* und jetzt *Das Buch der Kraft*. Für manche sind diese beiden Seiten unvereinbar, für mich nicht.

Im Grunde sind wir alle bunte Schränke mit vielen Schubladen – ich betrachte mich gern als gewaltigen, mit kitschigen Schnitzereien versehenen Eichensekretär mit

Dutzenden von Schubladen, die sich nach Bedarf alle einmal (oder mehrmals und auch überlappend) öffnen: Ich bin Autorin, Übersetzerin, Kopiermaus, Executive Assistant, Traumweberin, Schachspielerin, Krimibuchhandlungsaushilfsverkäuferin, Babysitterin (eine miserable, vertrau mir bloß nie dein Kind an), Hinter-Glas-Malerin, Tarot-Kartenlegerin, Frau, Geliebte, Freundin, Hexe, Yogini, Spaziergängerin, Sammlerin afrikanischer Holzmasken und -skulpturen, Sister in Crime, Krimistammtischschwester, Syndikatsmitglied, Luxushoteljunkie, Lyrikliebhaberin, Sittichmutter, Tagträumerin, begeisterte Zug-Fahrerin, Bücherratte, BücherFrau, Kino-Süchtige, Muskeschlemmerin und und und...

Meine letzte Aufgabe an dich: Und was bist du? Zähle deine Schubladen – und erfreue dich an der Vielfalt. Ischtar hat dich reich geschaffen: Genieße die Fülle!

Und wenn du magst, besuch mich bei Gelegenheit auf meiner Homepage **www.TatjanaKruse.de** und schreib mir ein paar nette Zeilen. Ich würde mich freuen!

Aber alles wird gut werden,
und alles wird gut werden,
und alle Dinge jeglicher Art
werden gut werden.
Juliana von Norwich, 15. Jahrhundert

Tatjana Kruse

Das Buch der Fülle
Der magische Weg zur Erfüllung aller Wünsche
in nur sieben Tagen

ISBN 3-88104-340-3

Der weibliche Weg zu Wohlstand und Wonne ist ein anderer als der männliche. Es geht nicht um Aktiendepots, Designerwohnungen und Luxusschlitten. Und trotzdem führt dieses Buch zu unglaublichen Reichtümern – auf einer Entdeckungsreise zur Eigenmacht.

„Ich glaube nicht an Wunder,
ich verlasse mich darauf."

Luisa Francia

In den Gärten der Kore
Visionen aus einem weiblichen Universum

ISBN 3-88104-360-8

Darum geht es: um die Erde und alles, was auf ihr wächst und Frauen nährt, einerseits und um die verborgenen Räume, die geheimen Wünsche, die dunkle Seite der weiblichen Kraft andererseits. Und um die Übergänge, in denen das größte magische Potential der Frauen liegt.

„Der Käfig ist offen,
verlassen mußt du ihn selbst."

Verlag Frauenoffensive

Luisa Francia

Der Rest deines Lebens beginnt jetzt
Rituale zur Verzauberung des Alltags

ISBN 3-88104-339-X

Dieses Buch will Gewohntes auf den Kopf stellen, alle Wahrheiten einmal durchschütteln und auch nicht-spirituellen Menschen Lust auf andere Welten machen. Ein Handbuch für eine spirituelle Zivilisationsguerilla, für die Befreiung aus den Freuden der Pflicht und den Qualen der Belohnungen.

„Solange Qualität von Qual kommt,
ist die Zukunft leider auch nur von gestern."

Luisa Francia

Die Sprache der Traumzeit
Kunst und Magie

ISBN 3-88104-350-0

Die Sprache der Traumzeit entfaltet ihre Schönheit in Farben, Formen, Worten, Tönen, Impulsen. Sehnsucht ist die Wegbeschreibung. Glücksimpulse formen die spirituelle Landkarte. Heiterkeit ist die Wegzehrung. Alles ist eins in der Sprache der Traumzeit.

„Wo Kunst Magie ist und Magie zur Kunst wird,
entstehen Geschichten."

Verlag Frauenoffensive